REAVIVA LA CAMA MUERTA

POR D.S.O.

www.dadstartingover.com

Para quién es este libro

Este libro fue escrito para hombres heterosexuales en relaciones monógamas de largo plazo que quieren más sexo.

Sí, me doy cuenta que hay un creciente fenómeno de mujeres que están frustradas con sus mediocres vidas sexuales. Lo siento, damas. Este libro no es para ustedes.

Si eres una mujer y tu líbido está superando al de tu esposo/novio, puedo ahorrarte un montón de tiempo y dinero y darte unas soluciones rápidas para probar:

1. Concéntrate en verte joven y guapa. Sí, es superficial y estúpido. Estamos hablando de HOMBRES aquí. Hay una razón por la que he listado esto primero. No sobre-analices las cosas. Los hombres son criaturas visuales. Sólo mira el porno, clubes de striptease, los ojos de tu esposo mientras esa chica guapa camina junto a él, etc. Sí, las cosas superficiales importan. Mucho.

2. No seas una cabrona controladora. Nada quita las ganas más que una mujer fastidiosa y emasculadora. En su lugar, prueba la empatía y la dulzura. Cede el control y deja que él se haga cargo de vez en cuando. Sí, él se equivocará. No es gran cosa. No te aloques y lo avergüences por tratar de ayudar y tratar de ser un mejor hombre. El rsultado positivo de renunciar al control es mucho más grande que el impacto negativo de unos pocos errores tontos de su parte.

Relájate. Sigue la corriente. Disfruta la vida. Disfruta de tu esposo. Sé una genial chica sexy.

Aliéntalo. Sé que te él molesta un montón la mitad del tiempo y que has perdido un muchísimo respeto por él con los años, pero es tu hombre y quieres más sexo, ¿cierto?

3. ¿Él está viendo y masturbándose con porno de manera regular? Desafortunadamente, el consumo excesivo de porno puede ser adictivo. Puede drenar su energía y tener efectos negativos profundos en su bienestar y comportamiento. ¿Quieres ser diferente y sexy? Mira porno con él. Hagan de eso, algo que hacen juntos como pareja. Dile lo que te gusta. Dile que TÚ quieres ser su estrella porno.

4. ¿Ninguno de los problemas de arriba aplican a tu situación? Dile que se haga revisar su testosterona. Sí, es en serio. No es natural que un tipo rechace sexo repetidamente. Debería quererlo frecuentemente. Algo está pasando y PODRÍA ser que sus hormonas estén fuera de balance y necesite un ajuste simple. Muchas mujeres reportan que "recuperaron a su esposo" después de que él empezó un régimen de Terapia de Reemplazo de Testosterona.

Ahí está la forma de reavivar su cama muerta, chicas. Si esto no funciona, es tiempo de pasar la página. Eres una mujer. Seamos honestos… podrías conseguir sexo esta tarde si lo quisieras. En serio. Es un juego totalmente diferente para los hombres.

Ahora, gentilmente, vete. Los hombres tenemos que hablar sobre ti a tus espaldas. Tú eres MUCHO más complicada que nosotros y tomará todo un libro para descomponerlas.

Antes de que comencemos...

Vamos a quitar del camino algunas cosas importantes.

1. Voy a asumir que tu esposa es saludable. Puede parecer obvio para la mayoría de ustedes, pero he escuchado más de una vez:

"Bueno, todo empezó cuando mi esposa fue diagnosticada con cáncer de seno…"

"Ella sufre de depresión y recientemente le dieron medicinas. Desde entonces, no tiene líbido."

"Tuvimos un bebé hace un mes. Fue un embarazo muy duro. Cesárea. Casi perdimos al bebé. Ahora tiene cero interés en el sexo."

¡Dale un respiro! La pobre es un ser humano. Esos son grandes bloqueos en el camino de su deseo sexual. Dale tiempo y ten un poco de empatía. Sé su compañero. Consigue la ayuda que ella necesita.

En la salud y en la enfermedad, ¿recuerdas?

2. Voy a asumir que TÚ eres saludable. Si tienes problemas que afectan tu vida en el día a día (enfermedad crónica, problemas hormonales, problemas de salud mental, etc.), entonces tu situación está oficialmente fuera de mi nivel. Resuelve esos problemas primero y después regresa a este libro. Tienes problemas mayores, mi amigo.

3. Necesitas dejar de lado tus prejuicios de lo que causa deseo sexual en tu esposa. Necesitas dejar de lado tus nociones de lo que ella DEBERÍA hacer como tu esposa y compañera. Necesitas dejar de lado esos pensamientos agobiantes de lo que tú MERECES como su hombre. Lo que has hecho hasta ahora claramente no está funcionando, entonces es tiempo para el plan B.

Deja de leer historias en internet sobre hombres hablando acerca de sus comunes esposas de "bajo líbido" y "asexuales" y "simplemente así es el matrimonio". El noventa por ciento de esas historias son de hombres que simplemente no lo entienden. Nunca lo entenderán. No te conviertas en parte de esa larga línea de hombres tratando como locos de unirse al creciente desfile de "SOY UNA VÍCTIMA INDEFENSA". Mantente alejado de esa gente. Su mentalidad es venenosa.

4. Podrías sentirte ofendido por lo que leas en este libro. Algunas de las cosas que digo pueden parecer "fuera de lo ordinario". Incluso podría ser ofensivo. Sexista. Estúpido. Anticuado. Misógino.

Está bien, te entiendo. Realmente, lo hago. Estuve en tus zapatos hace años y me habría reído de un libro como este en ese tiempo. Era demasiado "listo" y "educado". Sabía mejores cosas. En retrospectiva es 20/20, por supuesto.

Lo único que puedo decirte es que FUNCIONA. Sin tomar en cuenta los sentimientos… Necesitas soluciones. Desde mi experiencia, lo que expongo en este libro es el mejor y más directo camino para conseguir el sexo que necesitas.

Mi historia

Soy un papá divorciado, con tres hijos, de 40 y tantos años. Cuido a mis hijos 4 días a la semana.

Trabajo tiempo completo (más el mundo de dadstartingover.com), cocino, limpio, doblo ropa, ayudo con tareas, juego, disciplino, conduzco, aconsejo, etc.

Básicamente he desempeñado el papel de mamá y papá por años.

Esto no es realmente "divertido". Ciertamente no es fácil. Ciertamente no es la vida que planeé. No por mucho.

Es jodidamente cansado.

Antes de convertirme en el papá divorciado extraordinario, aguanté un matrimonio de 15 años que podría ser descrito como, "compañeros de cuarto que una vez cada luna azul tenían sexo que resultó en bebés". Ella simplemente era una mujer muy fértil y yo era un tipo muy fértil. No dejes que mis tres hijos te convenzan de que nuestra vida sexual era abundante. No era. Para nada. Era, por definición, una "cama muerta".

Mi ex-esposa: "No sé por qué no tengo ganas de tener sexo, solo no tengo ganas."

Para hacer, una historia muy larga y muy dolorosa, corta, después de 15 años de matrimonio (y veinte años como pareja) ella fue sorprendida en una aventura física con otro hombre. Por desgracia, me enteré de TODOS los pequeños sucios detalles (gracias tecnología celular). Sí, descubrí la aventura temprano, pero mi esposa de "baja líbido" fue más que capaz de reunir la suficiente energía para tener UN MONTÓN de sexo loco en esos pocos meses.

Después de ver la evidencia de la aventura y todos los sucios detalles, dije lo que todo hombre en mi posición dice:

"¿Ella hizo ESO con ÉL? ¿Ella nunca haría ESO CONMIGO?

Soporté años de casi cero intimidad durante nuestro matrimonio. Pensaba que el tipo de cercanía, afecto y sexo sucio que yo anhelaba solo pasaba en las películas. Estaba muy equivocado. La película porno de la vida real estaba pasando, pero mi personaje no jugaba un rol en las escenas sexys. Mis escenas envolvían cambiar pañales y cortar el césped.

Me sentí engañado. Me sentí como un tonto pendejo de quien se aprovechaban. Estaba lastimado, enojado y confundido. Mi mundo entero fue dado la vuelta. Mi pasado, mi vida actual, y mi futuro fueron cuestionados por un acto horrible de mi esposa.

Experimenté depresión muy real por primera vez en mi vida.

Mirando hacia atrás a mi niñez, nunca ví romance real o

lujuria con mis padres. Tampoco lo vi con los padres de mis amigos. Más tarde en la vida, no lo vi con la mayoría de mis amigos adultos y sus matrimonios.

Todos actuaban como compañeros de cuarto con hijos. Dos personas aburridas yendo con la corriente y moviendo la máquina familiar.

Solo supuse que así era el matrimonio. Aburrido, pero necesario. Es algo que todos experimentamos en la vida, ¿no? Aprendemos que necesitamos disminuir nuestras expectativas y ser agradecidos por lo que tenemos. No todo tiene que ser vino y rosas. A veces debes SOPORTAR dificultades para el bienestar mayor de la familia y comunidad. Solo porque QUIERAS algo no significa que lo obtengas. Así es como funciona la vida.

Después me enteré de que mi esposa SÍ quería las mismas cosas de la vida. Ella quería la misma relación emocionante y el mismo nivel de sexualidad y erotismo que yo siempre quise. Simplemente ella no quería eso conmigo.

Auch!

Ella presentó la demanda de divorcio inmediatamente después de que la aventura fue descubierta. Fue lo mejor que me pasó en la vida.

No sé qué me pasó, pero después de visitar brevemente el pozo de la depresión, empecé un tremendo camino de autosuperación. Sólo no podía permitir que esta horrible experiencia me destruyera. Tenía tres pequeñitos que veían en mí su oasis de normalidad. Su madre estaba actuando muy extraña y erráticamente. Pasaba menos tiempo con los niños mientras los meses y años pasaron.

He aprendido mucho de mí mismo en los años después del divorcio. Aprendí que necesito una misión para mantener mi motor andando. Un propósito. Me desarrollo cuando tengo actividad y puedo, fácilmente, poner como excusa mi vida laboral y familiar ocupada para caer en la vagancia. El descubrir la infidelidad y el posterior divorcio eran exactamente el combustible que necesitaba para que mi motor arranque nuevamente.

Rápidamente aprendí que hay MUCHOS hombres ahí fuera exactamente como yo. Leo mucho sobre el fenómeno y eventualmente escribo mucho sobre el tema también (un viejo pasatiempo mío). Es terapéutico.

Empiezo el sitio web dadstartingover.com. Tengo un poco de éxito. Recibo unos pocos correos electrónicos. Ayudo a algunos hombres con sus problemas aquí y allá. Parece que le pegué a algo bueno.

Los temas más populares en mi sitio web, por mucho, son los relacionados a "Camas Muertas" y esposas infieles. Los hombres simplemente no están teniendo el sexo que quieren y quieren arreglarlo. NECESITAN arreglarlo… y muchos vienen a mi sitio web después de que es demasiado tarde.

Decidí escribir este libro no solo para capitalizar en la popularidad del tema, sino también para llegar al fondo de un problema común que puede y crecerá en algo más insidioso si no se resuelve pronto.

La mitad de los matrimonios termina en divorcio. Es una estadística común con la que todos estamos familiarizados. Es una tasa de divorcio incluso más alta para los segundos matrimonios. Lo que posiblemente no sabes es que las mujeres inician el 70% de los divorcios… 80% si la mujer fue a la universidad.

Las mujeres, en general, no son felices en los confines de un matrimonio típico. Camas muertas y esposas infieles reflejan esto.

Sí, me casé otra vez.

Entonces, ¿Qué hay de diferente esta vez? ¿Algo?

Ooooooooh sí, es diferente, mucho.

Tenemos mucho sexo asombroso. Tenemos intimidad. Tenemos romance. Nos amamos mucho el uno al otro. Somos, lo que llamarías, una pareja "nauseabunda". Hemos sido así, consistentemente, por casi ocho años.

Esta es mi vida ahora. No hay alternativa. Si la vida sexual e intimidad se van, así también se va mi compromiso como su esposo y compañero y no estamos casados más.

Guau! Eso suena realmente frío y rotundo, ¿verdad?

Soy frío y rotundo porque sé que sin intimidad física, no hay necesidad de una relación monógama. Ninguna. Puedo tener compañeros de departamento dondequiera. Tengo amigos. Puedo hacer más amigos. Puedo tener novias. Puedo tener sexo casual. Ya lo he hecho. No es lo que quiero de la vida, pero siempre es una opción.

La logística, amistad y comodidad de nuestra vida juntos no niega la necesidad de intimidad física real. Nunca me escucharás decir, "La relación es perfecta… excepto el sexo."

No sexo = no relación.

No malinterpretes esto como si dijera, "¡Más le vale darme

sexo o...!" Eso no es para nada lo que estoy diciendo. Estoy diciendo que la falta de sexo en una relación romántica es indicativo de problemas mucho más profundos que proliferan más allá de la cama. Como el autor de este libro, sé lo que se requiere para "mantener la llama viva" en mi relación. Si mi esposa toma todo lo que tengo que ofrecer y su respuesta es, "Sí... genial, igual no te deseo", entonces sé que se acabó.

Poniéndolo simple, no tener sexo es un signo de un matrimonio dañado.

Pueden todavía ser una pareja casada, pero ya no están en una relación romántica.

Estoy buscando algo especial en la mujer que llamo "esposa". Estoy buscando una compañera verdadera. Quiero alguien con quien experimentar cosas maravillosas y no tan maravillosas durante mis 80 o más órbitas alrededor del sol. Una gran parte de esta vida mía se mueve alrededor del sexo. No escondo este hecho. Soy un tipo, después de todo. Tengo los genitales para probarlo.

Hasta ahora, nuestra intimidad es fuera de serie. Tengo volúmenes de fotos y videos sucios que mi ESPOSA me ha enviado a través de los años. Tenemos un lado muy sexy/pervertido en nuestras vidas del que nadie más sabe nada. Es nuestro pequeño secreto. Para nuestros amigos, sólo somos una pareja muy dulce y amorosa que se abraza y se besuquea mucho.

En mi primer matrimonio, era un "usuario" frecuente de porno, si sabes a qué me refiero. En mi matrimonio actual, el porno no es algo para que YO use como mecanismo de supervivencia, sino como una herramienta sexy que vemos juntos. Ella disfruta haciendo esas cosas "sucias" juntos como pareja. Esta es una parte del lado secreto, divertido y sexy de nuestra relación que nos mantiene conectados.

Ella tiene un cuerpo que una mujer a cualquier edad mataría por tener. Tiene una buena figura naturalmente, pero también trabaja duro para mantenerlo viéndose bien. Le dejo saber que aprecio lo sexy que es dándole fuerte en la cama, acurrucándome con ella por horas y bañándola con cumplidos y afecto.

Estamos en una batalla constante de mantenernos en forma para el otro. Sí, a veces la vida se pone en el medio y nuestro atractivo se resbala un poco aquí y allá. Con mi genética, puedo ganar 10 libras solo viendo un pedazo de pastel. Entonces, ella intensifica el yoga y el cardio, me envía una foto sexy, babeo por horas… y al día siguiente voy al gimnasio con un poco más de poder y dejo los carbohidratos.

Esto es saludable y normal.

¿Qué hay del dinero? Mi esposa tiene su propio dinero. Más que yo, de hecho. Tiene una gran carrera como doctora. No me necesita para pagar sus cuentas o para comprar esa linda cartera que tanto quiere. Ella me necesita para la intimidad física/emocional y amor. No soy el proveedor de su cheque.

Proveo en otras formas.

Soy su roca. Soy su compañero. Soy su hombre.
Debo mantener el trabajo fuerte. Debo ganarme esta calidad de relación. Se puede ir mañana. No quiero firmar otra ronda de papeles de divorcio preguntándome "¿Y qué si...? No es fácil, y así debería ser.

Estoy loco por la chica. Eso no niega mis propias necesidades. Mi amor y devoción no son incondicionales.

Para mí, Cama Muerta = Matrimonio muerto.

Nunca más vuelvo a hacer eso.

Capítulo 1
¿Qué es una cama muerta?

"A pesar de mis 30 años de investigación del alma femenina, no he podido todavía contestar... la gran pregunta que nunca ha sido contestada: ¿Qué quiere una mujer?"

Sigmund Freud

La "Cama Muerta" es como suena: Una relación romántica monógama con muy poca o ninguna actividad sexual entre la pareja.

Para los propósitos de este libro y el público objetivo, nos mantendremos con el ya probado y verdadero estereotipo del esposo cachondo y la esposa fría y desinteresada.

Es una herencia cultural muy conocida y lo ha sido por mucho, mucho tiempo.

"El matrimonio es muy parecido a la prisión, pero sin el sexo." - Anónimo

"El sexo matrimonial es como estar despierto durante tu propia autopsia. Es una endodoncia sin anestesia." - Al Goldstein

"No sé nada sobre sexo porque simpre estuve casado." - Zsa Zsa Gabor

"El sexo es la cosa más hermosa, pasa entre un hombre felizmente casado y su secretaria." - Barry Humpries.

Estos estereotipos no solo caen del cielo. La cama muerta pasa y pasa mucho.

Has visto esta dinámica desarrollarse una y otra vez en la televisión y en las películas. Lo ves con tus amigos y sus relaciones. Probablemente lo viste con tus padres.

Recuerdas tu niñez y te recuerdas como un pequeño niño, sentado a la mesa en el día de Acción de Gracias. Papá está cortando el pavo y dice algo sobre las "pechugas jugosas" y lanza a tu madre una sonrisa y guiños juguetones. No estabas tan seguro de lo que pasaba, pero su energía te hacía sonreir y reir.

Pero entonces… el tono de tu madre cambia instantáneamente. Le lanza una mirada enojada y dice, "¿En serio?" mientras deja salir un suspiro frustrado y empuja otro bocado de comida en su cara. Papá no lo toma tan bien. Pone mala cara el resto del día e ignora a todos mientras ve el fútbol.

La negatividad en la casa era palpable.

Adelántate al presente y a tu relación con tu esposa. Llegas a casa después de un largo día en la oficina. El trayecto fue extra molesto y solo quieres llegar levantar tus pies y relajarte… pero no puedes. Inmediatamente atiendes a los niños, ayudas con la cena, sacas la basura, respondes unos correos del trabajo, ayudas a tu hijo con la tarea, juegas a la hora del té con tu hija y después ayudas a acostar a todos. Finalmente, después de 3 cuentos, tu trabajo está hecho y es tiempo de relajarte.

Te arrojas en la cama junto a tu esposa. Ella está usando un calentador y una camiseta manchada. No muy sexy, pero eres un hombre y ha pasado un tiempo desde la última vez que tuviste algún tipo de descarga sexual (aparte de tus usuales sesiones de porno/masturbación). Haces tu típico gruñido sexy que piensas que es tan gracioso, entrecierras los ojos juguetonamente, sonríes, y mueves tu mano hacia sus senos. Ella inmediatamente agarra tu mano y la empuja lejos.

"¿En serio? ¿No puedes sólo dejarlo por una noche?"

Ella apaga la luz y se da la vuelta.

Estarías molesto o confundido si esto fuese algo nuevo. En lugar de eso, solo estás triste. Esto es normal en tu mundo y lo ha sido por un buen tiempo. Ella dice, "Déjalo por una noche", pero han pasado dos meses desde que tuviste algún tipo de intimidad. Ella tiene la llave maestra a tu vida sexual y la puerta está cerrada. Ha estado cerrada por demasiado tiempo.

Como hijo, esposo y padre, el mensaje es claro:

El hombre es una bolsa de testosterona cachonda y fuera de control que necesita ser puesta en su lugar.

Su energía debe ser redirigida hacia tareas más importantes, como proveer para su familia y permitir que su esposa tenga su descanso tan necesitado. Si él no la deja en paz, hay un infierno.

La mujer es la presencia fría, mandona y dominante en el hogar. Ella mantiene las cosas encaminadas y debe, ocasionalmente, intentar alejar los intentos de su esposo de traer sexualidad a su mundo. "¡No! ¡Perro malo!"

Cuando papá se desvía del camino asignado, debe ser castigado y ser recordado de su rol como proveedor. Mamá no dudará en decir o hacer algo que lo castrará y lo hará sentir como un pervertido. No es para herir sus sentimientos. Es para parar su comportamiento irritante e inapropiado.

Como resultado, papá actuará como un bebé por un tiempo. Eventualmente se le pasará y el todo proceso empieza una vez más. Enjuagar y repetir.

¿Te suena familiar?

Tal vez tu situación no está ASÍ de mal, pero ESTÁS leyendo este libro ahora mismo, lo que significa que una cosa es segura: Seguramente no estás feliz con tu vida sexual. Esto TIENE que cambiar y entre más rápido, mejor.

No estás solo.

En mi sitio web dadstartingover.com, he escrito decenas de artículos en una variedad de temas sobre relaciones y autosuperación. Por mucho, mis temas más populares son Camas Muertas e infidelidad femenina. Es igual con mi podcast. Cualquier episodio relacionado a "Camas Muertas" está muy por delante que cualquier otro episodio.

En el popular sitio web www.talkaboutmarriage.com, los dos temás "enfocados" más activos son "Sexo en el matrimonio" y "Superando la infidelidad".

En el popular sitio web reddit.com, el foro (subreddit) de "Camas Muertas" tiene más de 250.000 suscriptores.

La gente parece tener problemas con el sexo y el matrimonio. No es sorpresa, ¿verdad? El matrimonio tradicional va en contra de nuestra naturaleza más básica y animalística. El matrimonio les dice a los hombres, "¿Recuerdas esa urgencia que tienes de agarrarte a toda mujer bonita bonita que ves? Para eso. Aquí está tu única mujer por el resto de tu vida. La amarás y desearás, pero ella puede que quiera o no tener sexo contigo… y en realidad no hay nada que puedas hacer al respecto. Entonces… ¡diviértete!"

Al mismo tiempo, el matrimonio les dice a las mujeres, "Sé que sueñas con encontrar a ese hombre perfecto para sentar cabeza y hacer bebés. ¡Buena suerte con eso! No eres digna de "ganar" a un hombre así, entonces aquí tienes a este idiota aburrido que está muy lejos de ser tu amante ideal. Pero… no te preocupes. Él proveerá para ti y tus hijos y te amará muchísimo. Las buenas noticias son que no tienes que tener sexo con él. Igual te cuidará. Probablemente terminarás odiándolo. ¡Disfruta!"

El matrimonio no tiene que ser así… pero la mayoría de las veces definitivamente va en esa dirección.

¿Qué ocasionó TU cama muerta?

La verdad sin filtros es: Tu esposa no se siente atraída hacia ti.

Si lo estuviera, lo sabrías. No estarías buscando en Google "Esposa no quiere sexo" a medianoche mientras ella ronca junto a ti en la cama. en su lugar, estarías cubierto en sudor y durmiendo con una sonrisa en tu cara.

En lugar de preguntar, "¿Por qué estoy en una cama muerta?", deberías preguntar, "¿Por qué mi esposa ya no se siente sexualmente atraída hacia mí?" Es ahí cuando empiezas a encontrar la causa real de tu problema.

La cama muerta es, lo más probable, el resultado de una serie de acciones negativas o inacciones en el lado del hombre. El hombre fue retado con los típicos obstáculos que se interponen en el camino del sexo (hijos, estrés, tiempo, familiaridad, esposa aburrida) y no respondió de la forma correcta. Estas acciones e inacciones, a través de los años, nunca presionaron apropiadamente los botones que su esposa necesitaba para activar su deseo sexual (especialmente después de la maternidad).

Hiciste X y recibiste Y de vuelta. Es así de simple.

Síp, acabo de poner toda la responsabilidad de esta situación en tus hombros. Un poco de mierda e impertinente de mi parte, ¿verdad? Sí, lo es. Pero, hay buenas razones para que haya llegado a esta conclusión.

He escuchado cerca de 10.000 historias de hombres en camas muertas, y después de muchas conversaciones, de búsqueda en el alma, reflexión honesta, ellos siempre llegan a la misma conclusión: Él la cagó brutalmente en algún lugar del camino. Él, o se quedó erróneamente con la absolutamente PEOR pareja imaginable (muchos hombres con los que hablo sufren abuso emocional y físico a manos de su esposa), o de hecho se casó con una buena mujer quien naturalmente respondió a los errores de su esposo de una manera predecible: Perdió atracción hacia él.

Tu situación podría ser diferente que la de los demás. Sinceramente, lo dudo.

La buena noticia es que probablemente TÚ causaste esto, así que probablemente TÚ puedas arreglarlo.

Eres un hombre. Te gusta arreglar cosas, ¿verdad? Por eso estás leyendo este libro. Quieres encontrar qué parte de la máquina de la relación se rompió y causó que deje de funcionar y derrame aceite en todo el piso del garage.

No te equivoques al respecto, tu relación está rota. El sexo no es solo un pequeño aspecto de una, en general, grandiosa relación (como muchas esposas con "baja líbido" dicen). Es la parte más grande.

Sin sexo, sólo son compañeros de casa.
Sin sexo, no estás cumpliendo con tu necesidad humana más básica.
Sin sexo, experimentarás una cascada de eventos que ultimadamente te llevarán a una menor versión de ti mismo y al final de tu matrimonio.

Si la relación no se mantiene apropiadamente, se va a desarmar. Si pones el tipo de aceite equivocado, el motor se fundirá. Te quedarás a un lado del camino, rascándote la cabeza y preguntándote qué hacer ahora.

Desafortunadamente, las relaciones no vienen con un

manual del propietario. Recibimos muchos libros en la escuela, pero ninguno tenía el título, "Cómo ser el tipo de hombre que tu esposa querrá coger por muchos años."

Pero, por alguna extraña razón, los hombres, de seguro, actúan como si este libro de reglas inexistente, SÍ existiera.

Este libro misterioso está lleno de perlas de sabiduría para encender la líbido, como:

1. Cómprale regalos. Flores. Chocolates. Masajes. Hazla sentir apreciada.
2. Haz más quehaceres. Quita el estrés de su vida.
3. Esposa feliz, vida feliz. Sé más complaciente. Menos drama y menos estrés son cosas buenas.
4. Finge que ninguna otra mujer en el mundo existe. Tu enfoque debería ser exclusivamente en tu esposa. Modera tus urgencias sexuales.
5. Habla con ella. Asegúrate de que ella realmente entiende el problema y ve las cosas desde tu punto de vista. Apela a su lado racional. Ábrete con ella, emocionalmente.

En teoría, todas suenan genial. Eres más generoso, eres un mejor encargado de la casa, eres más complaciente, eres más abierto con sus sentimientos y más abnegado. ¿Qué puede no gustar?

Lo gracioso es que cada una de esas cosas son el exacto opuesto de lo que los hombres deberían hacer cuando el sexo disminuye. De hecho, son una continuación y amplificación de lo que causó tu cama muerta en primer lugar.

Es cierto, si queremos ver la causa de una cama muerta, solo necesitamos ver lo que los hombres típicamente hacen para tratar de arreglarla. Es la misma maldita cosa.

Qué irónico!

Veamos cada una de las cinco soluciones que los hombres prueban una y otra vez. Vamos a descomponer cómo y por qué cada una falla miserablemente… y por qué continuamos tratando de todos modos.

CHAPTER 2
The Common Mistakes

"For things to reveal themselves to us, we need to be ready to abandon our views about them."

Thich Nhat Hanh

Error #1: Dar regalos

Todos conocemos el viejo estereotipo del tipo nervioso que llega a la primera cita con flores. Tal vez sube un nivel más y añade una caja de chocolates. Los chocolates podrían estar reservados para San Valentín, pero, de seguro, él seguirá comprando regalos a lo largo de su primera cita. Comprará bebidas. Cena. Tal vez un peluche. "¡Awww!" dice ella durante la noche.

¿Qué es lo que él está diciendo con todos los regalos?

"Está bien, este es el trato. Tú solo siéntate ahí y luce increíble y yo te daré cosas gratis. ¿Suena a un buen plan? No, no espero nada de ti. No tienes que calificarte. Tu vagina y la posibilidad de, una día, estar dentro de ella es más que suficiente para mí. Ten, déjame comprarte algo más para que no olvides lo bueno que soy."

Si por alguna razón las flores y los constantes regalos resultan en una novia, entonces el condicionamiento ha sido marcado en el hombre.

Dar regalos = Afecto de mujeres.

¿Qué si él NO habría comprado regalos para ella enseguida? Qué si él esperaba que ella contribuya para todo o si, Dios no lo quiera, ELLA pague por la cena. ¿Ella saldría a una segunda cita y eventualmente se casaría con él? No, probablemente no. Ella te diría lo mismo. Le gustó que él fuera tan generoso. La hizo sentir especial.

Entonces. ¿Qué te dice eso?

Él compró su afecto.

¿Eso augura algo bueno en un amor romántico de largo plazo? Tal vez sí, tal vez no.
Tal vez te han convencido de que tu esposa se ha GANADO los regalos que regularmente le das. Incluso si ella no parece tener ninguna atracción hacia ti y te trata como un fastidio, ella ES tu esposa. Eso es, por sí sólo, digno de elogiar, ¿verdad?

Seamos honestos. Estás recompensando a tu esposa por simplemente ser la mujer en la relación. Si examinamos eso un poco más, es también una forma de sexismo sutil. La estás poniendo en un pedestal solo porque tiene chichis y una panocha.

Estás siendo un baboso.
Este es el patético tema de tus regalos: "No obtengo mucho en el sexo… y todos sabemos que no te gusto tanto… entonces necesito sobornarte para mantenerte cerca. Recibiré cualquier migaja que me des. Por favor, no te vayas."

Adivina qué. Ella está muy consciente de la dinámica en juego aquí. Sabe que te tiene de las bolas y alargará esta relación lo más posible para extraer tantos recursos como pueda.

Esto no es malvado. Es la naturaleza humana.

A las chicas jóvenes les hacen sus tareas y una aventón gratis al centro comercial. Las mujeres consiguen flores gratis, comidas gratis, bebidas gratis, un hombro para llorar y después… un esposo que la adora.

¿Qué no reciben los hombres a cambio? Sexo fabuloso.

Más específicamente, ellos no consiguen una mujer que los encuentre sexualmente atractivos. Nunca funciona al final. Nunca.

Lo que el dar regalos hace es que te pone inmediatamente en el modo de "Proveedor".
El Proveedor, fácilmente, entrega recursos: tiempo, dinero y compromiso. Lo hace por una necesidad instintiva masculina de asegurarse de que su tribu está a salvo y segura… y con una pequeñita esperanza de lograr que la dama linda tenga sexo con él. Es un comportamiento extremadamente NECESITADO.

El Proveedor ve su constante DAR como un rasgo de personalidad positivo que lo pone por delante de la baja categoría del Amante (trataré más acerca de la dinámica amante/proveedor después). Él NUNCA admitirá que sus acciones son todo menos 100% altruistas. Está cumpliendo su deber masculino, después de todo. Esto se espera de él.

Si él fuese honesto, admitiría que el dio y dio con el propósito de recibir algo.

La verdad es que él sólo quiere amor y afecto y el dar es su forma de tratar de ganarse esas recompensas. Cuando no funciona, él se enoja. Cuando él expresa sus sentimientos a otros sobre los problemas de su relación, lo primero que saca a relucir son los regalos que le dio.

"Pero… ¡Le compré flores la semana pasada!"
"Pero… ¡Le di ese brazalete el mes pasado!"
"Pero… ¡Pagué ese servicio de limpieza que ella quería!"

El mensaje del hombre es claro: "Soy un hombre muy dependiente y necesitado. NECESITO a mi esposa y su afecto. El trato sobreentendido entre nosotros es que yo hago cosas lindas por ella, y se SUPONE que ella me recompensa con sexo."

El esposo sin saberlo, ¿Qué le dicen, inconscientemente a la esposa, todos los regalos?

"Ser una esposa fría y desinteresada hace que mi esposo tome acción y me compre las cosas que quiero. Sí, él da pena y perdí el respeto por él hace años, pero al menos consigo cosas. Me gustan las cosas. Mejor lo sigo tratando como basura. Esto está funcionando."

Psicología Humana nivel 1: Recompensa cierto comportamiento y recibirás más de eso.
Es todo sobre condicionamiento. Mucho como el perro de Pavlov… somos animales fácilmente entrenables.

El esposo está condicionado a creer, desde joven, que el dar regalos resulta en la relación romántica que quiere. Esto continúa en la adultez y se convierte en una estrategia "solucionadora" de colchón cuando las cosas empiezan a ir mal.

Esta es una situación de no ganancia absoluta.

Dar regalos siempre debería venir de un lugar genuino sin ningún motivo oculto. Debería venir de la mentalidad de recompensar a alguien por ser una buena persona. Nunca deberías esperar nada a cambio. Lo haces porque amas y aprecias a tu pareja… No porque quieres más mamadas. ¿Realmente amas y aprecias a tu esposa cuando te castra y te avergüenza por aún desearla después de todos estos años?

No.

Entonces. ¿Por qué recompensarla? Porque esperas cambiar su actitud.
Al comprar regalos, simplemente estás duplicando tu rol de proveedor en una forma turbia. Tus regalos no son genuinos. Ella sabe esto de manera innata.

Estás siendo manipulador. Estás siendo un baboso. Estás siendo necesitado. Estás siendo patético.

Proveedor = comodidad y seguridad. Comodidad no necesariamente es igual a atracción sexual (más de esto después).

Proveedor con motivos ocultos = Baboso y necesitado.
Baboso y necesitado es igual a repulsión.
No hay forma de ganar aquí. Córtalo.

Error #2: Hacer más quehaceres domésticos

No hay nada especial en hacer quehaceres domésticos. Deben hacerse. Tener un pene no te da una tarjeta de "no hacer quehaceres", como muchos hombres creen. Si el fregadero está lleno de platos, los lavas. Si la basura está llena, la sacas. Tiendes la cama. No es ciencia espacial. No es difícil. Al contrario de la creencia popular, hacer quehaceres domésticos no es duro. Es molesto, pero no es difícil. Construir un puente o perforar para extraer petróleo es duro. Poner una sábana sobre un colchón es algo que una abuela de 70 años puede hacer.

¿Entonces por qué digo que hacer más quehaceres es un "error", si parezco tan firme sobre hacerlos? Pues, el problema viene cuando haces esos quehaceres tan necesitados y orgullosamente le cuentas a mami… emm… tu esposa.

"¡Cariño, guardé los platos por ti!"

Pues yabadabadu, pequeño hombre. Bienvenido a la adultez. ¿Quieres una galleta?

No, quieres amor y afecto. Es obvio.

Es un comportamiento extremadamente necesitado. Eso quita las ganas brutalmente.

Dirigir un hogar es trabajoso. No todo ese trabajo es varonil o intelectualmente estimulante. Algunas son cosas como limpiar la caja del gato o doblar la ropa. Si ves que necesita hacerse y tienes el tiempo para hacerlo, lo haces. Eso se llama ser un adulto. Eso es lo que todos hacemos.

Alardear sobre ello o hacerlo con una recompensa futura en mente, es rebajarte a un nivel sub-adulto. Mi hijo menor solía amar mostrarme cómo limpió el desorden (usualmente solo lo empeoraba). Quería impresionarme y mostrarme que era un niño grande. Necesitaba mi aprobación.

Eso es precisamente lo que estás haciendo. No estás obteniendo sexo, así que aumentas tu trabajo en casa como un esfuerzo de ganar la aprobación de tu esposa.

Estás actuando como un niño. Estás siendo muy necesitado. Tu esposa no se quiere coger a un niño necesitado. Ella quiere a un hombre.

Ella quiere al tipo de hombre que hace las tareas molestas y que llevan mucho tiempo y nunca dice nada. Ella quiere un escenario algo así:

Ella: "Espera... ¿Arreglaste la lámpara, doblaste la ropa y limpiaste la mancha de la alfombra?"
Tú: "Emmm... ¿Sí?

Ella: "¿Cuándo encontraste el tiempo para hacer eso?

Tú: "No sé... anoche, creo."

Ella: "¡Gracias, mi amor! Acabo de darme cuenta. Eso es genial."

Tú: "No hay problema, hermosa."

¿Eso suena a un intercambio positivo? ¿Eso suena a algo que un HOMBRE adulto haría? Por supuesto. Él solo hizo el trabajo y nunca lo mencionó. Tenía que hacerse. En realidad a él le importa un carajo si ella lo aprueba o no. Ese no es el propósito del trabajo. El propósito del trabajo fue aliviar el problema de la lámpara parpadeante, la gigante pila de ropa, y la alfombra que tenía esa molesta mancha de yogurt.

Esos eran problemas. Él los arregló. Tan simple como eso. No es gran cosa. Ciertamente nada que haces para ganar intimidad sexual o atención de tu esposa.

¿Por qué tantos hombres recaen en hacer quehaceres adicionales para tratar de reavivar el deseo sexual de su esposa?

Los hombres son solucionadores.

¿La vida sexual está dañada? ¡Bueno pues, vamos a parchar estos huecos y pongamos al bote del sexo a flote otra vez!

Paso uno: ESCUCHA a tu esposa por guía. ¿Ella se queja? Pues, sí. Por supuesto. Ella es mujer. Si está respirando, se está quejando.

¿De qué exactamente se queja más?

Ella está muy CANSADA. Este parece ser el tema en general de su existencia diaria. Ella está constantemente desgastada. Ella está abrumada al punto de estar exhausta. Los niños. El trabajo. La casa.

Ella usualmente va a culpar a este agotamiento extremo como la causa principal de su falta de líbido.

Pues, no puedes desaparecer a los niños y no puedes hacer su trabajo en la oficina más fácil… pero ¡PUEDES hacer más trabajo en casa por ella! Es eso entonces. Esa es la nueva estrategia para arreglar esto. Hacer más trabajo en casa. Sí, esto es una genialidad.

Cuando ella llega a casa, vas a señalar que lavaste los platos, doblaste la ropa y limpiaste la caja del gato. Ella saltará de alegría, colapsará en tus brazos y luego rápidamente se arrancará la ropa y redescubrirá su deseo sexual que lo tenía perdido por tanto tiempo. ¿Cierto?
Sí, no. No funciona.

Ves… otra vez… estás haciendo las cosas porque quieres recibir algo a cambio. Puedes tratar de convencerte de que sólo estás siendo un buen compañero, pero ambos sabemos que esas son pendejadas.

Si tu esposa te sentase y dijese, "Cariño… mira, no importa lo que hagas o digas, no tendremos sexo. Nunca más.", estarías acampando en el garage todo el día, lloriqueando. Los quehaceres ni siquiera estarían en el radar.

Estás haciendo las cosas por la aprobación de mami. Es obvio. Es necesitado. Es débil.
Los quehaceres son como cagar. No es la cosa más sexy y maravillosa para hacer en el mundo… pero lo haces de todos modos. Debe hacerse.

No te importa lo que ella piense sobre eso. Eso sería raro.

Sólo lo haces.

Eres un niño grande. El tiempo de ser recompensado por ir al baño terminó hace décadas.

Error #3: Esposa Feliz, Vida Feliz

Guau! Si tuviera un centavo por cada vez que he escuchado esta estúpida frase.

De hecho, puedo pensar en un recuerdo reciente que me involucró a mí, mis hijos, mi esposa y algún empleado de una tienda de zapatos.

Necesitábamos zapatos para mi hijo mayor (tenía 10 en ese tiempo). Teníamos un evento y él necesitaba algo bonito pero no muy formal. Creció más que todo lo que tenía en la casa (como los niños siempre parecen hacerlo)... así que fuimos al centro comercial.

Fuimos a Macy's y decidimos separarnos. Mi esposa fue a ver unos vestidos y mi hijo y yo fuimos al departamento de zapatos. Se probó algunos pares y encontramos unos que nos gustaron a los dos, pero yo no estaba tan seguro y quería la opinión de mi esposa.

Por un lado, soy daltónico. A veces no veo los desalineamientos obvios de color que hacen que todos los demás se rían sin control. Honestamente, no sé si estos zapatos van bien con el traje que habíamos comprado para nuestro hijo.

Segundo, no puedo confiar en que mi hijo escoja algo con respecto a colores porque, pues, era un niño de 10 años... y eso significa que tenía el sentido de la moda de un hombre loco con un mal hábito de cocaína.

Mi esposa eventualmente terminó su compra de vestidos y nos encontró en la zapatería. Le mostramos el par que nos gustó a ambos. Le gustaron también… pero ella pensó que no irían muy bien con el conjunto que compramos para él. Los cordones se veían un poco raros. En general, los zapatos eran muy deportivos, en su opinión. El estilo realmente limitaba la ropa que podría ponerse con ellos. Buen punto. Seguimos buscando.

Entramos en otra zapatería y mi esposa toma un par del estante. "Aquí, estos son mucho mejores." Mi hijo y yo miramos a los zapatos y dijimos al mismo tiempo, "¡Se ven EXACTAMENTE igual al otro par!"

Ella señaló que no, no son EXACTAMENTE iguales al otro par. Estos tienen cordones planos y no esos otros que se veían raros y chistosos. Estos son, en general, más formales. Se ven un poco más sobrios y por lo tanto tendrán más opciones para combinar con ropa.

Después de diez segundos en nuestra conversación, el tipo dirigiendo la tienda dice, fuertemente, en nuestra dirección, "¡Amigo! ¡Déjame darte una pista! ¡ESPOSA FELIZ, VIDA FELIZ!"

El mensaje:

"¡Nooooo! ¡No tengas conflictos con una mujer! ¡Déjale

ganar! ¡Vive un día más, pobre hombre!"

¡Qué patético! Después de un intercambio ligero y normal entre mi esposa y yo, este trabajador cualquiera estaba listo para tirar la toalla por mí. Estaba tan nervioso de ver a un hombre discrepando con una mujer, que tenía que venir a mi rescate. Puedo imaginarlo, tomándome de la mano y mirándome a los ojos malhumorado, como un hombre viejo y sabio diciéndole al héroe de la película no pelear contra la malvada Medusa. "Oh… pobre, pobre hombre. ¿No te das cuenta el mal contra el que te enfrentas? Por favor… por tu propio bien, regresa de donde viniste. No estás preparado para esta batalla."

¿Qué demonios les pasó a los hombres? ¿Por qué somos todos tan reacios al conflicto? ¿Realmente tenemos tanto miedo a las mujeres? Eso es lo que estamos diciendo después de todo, ¿Verdad?... que, legítimamente ¿les tenemos miedo?

Les tenemos tanto miedo a las mujeres que muchos de nosotros no podemos decir nada cuando discrepamos con algo. Dejamos que el enojo y el resentimiento se pudran y se conviertan en cáncer y enfermedades cardíacas porque… ¿no quieres hacer un escándalo? ¿No quieres que se enoje?

¿En serio?

"Sí, cariño." Otra frase común en las relaciones. El hombre rendido. La cara colgada. Los hombros caídos. La actitud que dice, "No me importa. Haz lo que quieras. Solo deja de ser una perra ¿Está bien? ¿Por favor?"

Es derrota. Es pasividad. Es patético. Quita las ganas brutalmente.

Piensas que estás siendo adulto y manteniendo las aguas calmadas. No quieres sacudir el bote innecesariamente. Tu esposa es mucho más emocional que tú y no quieres afectar el actual estado de calma. Una pequeña cosa puede hacerla explotar. Has aprendido esto con los años. Cuando ella explota, es demasiado. No es atractivo, es molesto, trae muchísima ansiedad y te hace cuestionar la relación. Preferirías no seguir ese camino si puedes evitarlo.

Tú sólo quieres felicidad y calma.

"Suspiro… Está bien, cariño."

¿Qué piensa ella de esta reacción tuya? Pues, seguro, está feliz al principio. Se sale con la suya. Está eufórica. Como una niña pequeña, dirá "¡Siiiii!" y dará saltos por un momento.

Con el tiempo, salirse con la suya es esperado. La novedad se ha ido. Pronto, ella ni siquiera te preguntará tu opinión sobre cualquier cosa. Solo hará lo que ella quiera. Sabe que no lo objetarás de todos modos, entonces, ¿para qué demorar lo inevitable?

Lo que es más importante es que una gran cosa pasa:

Ella te pierde respeto.

Si ella no te respeta, no te cogerá.

Cuando tratas de evitar el drama, lo que realmente estás tratando de evitar es tu propia ansiedad. Ella te hace sentir mal. Tu estado emocional no debería ser tan frágil y flexible. Tú haz lo tuyo y deja que ella exprese lo que siente. Si su emoción cruza la línea y es irrespetuosa contigo, se lo dices inmediatamente.

"Estás siendo idiota. Para. Ahora."

Lo creas o no, ella quiere que le digas que NO de vez en cuando. Ella realmente quiere que le digan que se siente, cierre la boca y deje de actuar como una niña malcriada.

Eres un hombre. Se supone que eres una roca. Se supone que eres confiable. A veces eso significa abrir la puerta a la confrontación y lidiar con la mierda. A veces esa mierda viene de tu propia esposa.

Hacer lo opuesto provoca un sentimiento de irrespeto, incertidumbre y desdén de ella. Eso NO es bueno para el deseo sexual femenino.

"Entonces, espera… No le gusta cuando me rindo y digo "Sí, cariño" por la 500ma vez, pero también hará un tremendo escándalo si no se sale con la suya. ¿En serio? ¿Por qué hace eso? ¡No puedo ganar!"

- Todo hombre en el mundo.

Para tratar de explicarlo, muchos hombres han llegado a la conclusión de que este "mal" comportamiento de su esposa es un tipo de prueba. Frecuentemente vas a escuchar que los llaman "shit tests" o "fitness tests". Su propósito es lanzar algo negativo y después sentarse a ver cómo lo manejas. Una astuta forma de decir:

"Muéstrame lo que tienes, hombrecito."

Ella está probando tus límites. Quiere saber de qué REALMENTE estás hecho.

Incluso he escuchado a algunas mujeres admitir que lo hacen conscientemente.

Todos, sin importar su género, prueban a la gente. Todos los hacemos, consciente o inconscientemente, tu esposa no es diferente.

Como tu esposa, sus pruebas son una forma de ver qué tan fuerte eres realmente como pareja. Si cedes a sus exigencias, nunca te defiendes, te rehusas a tomar decisiones, o te asustas y lloriqueas con cualquier pequeña polémica verbal que ella tiene. ¿Qué dice eso de ti?

"¿No puede manejarme a MÍ? Entonces, ¿Cómo demonios va a manejar las cosas duras de la vida? ¿Cómo puede protegerme a mí y a mi familia? ¿Qué clase de hombre es este?"

¿El resultado? Su programación innata envía señales a su cuerpo: "Este macho es débil. No copular. Genes no aptos para apareamiento."

El resultado es que no hay tiempo sexy para ti.

Si ella no te respeta, no te cogerá.

Lo que estás haciendo al decir "Sí, cariño" por la centésima vez es ser "complaciente".

La complacencia es un rasgo de personalidad más común en las mujeres. Las mujeres son más aptas para ser amigables, confiadas y dóciles.

En otras palabras, ellas son usualmente más sumisas que los hombres. No siempre, por supuesto, pero usualmente.

Cuando tú solo te dejas llevar y accedes y te rindes a todos sus caprichos, estás siendo sumiso. Estás, en esencia, actuando como una mujer.

Ella no quiere a una mujer. Quiere a un hombre.

Si ella no te respeta, no te cogerá.

Error #4: Finge que otras mujeres en el mundo no existen

Si eres un hombre y eres saludable y todo funciona como debería, tienes una líbido relativamente fuerte. Quieres tener sexo. Mucho, Obviamente… o no estarías leyendo esto.

Hecho biológico: Has evolucionado para procrear con muchas mujeres diferentes. Tienes aproximadamente 10 veces la cantidad de testosterona que tiene tu esposa. La testosterona en gran parte determina la líbido en los seres humanos. Antes de que me envíes un correo, sí, me doy cuenta de que la biología humana y la psicología no son tan simples y muchas más cosas afectan el deseo sexual que sólo una hormona… pero, prueba tomarte un trago de testosterona cada semana por un mes y me avisas como te afecta (pista: vas a estar MUCHO más cachondo). Recuerdo la reacción de una mujer a la que su doctor le prescribió terapia de testosterona: "Esto es loco. No puedo vivir así. Solo pienso en sexo."

Mientras lees esto, estás haciendo esperma. Millones de ellos. Esos pequeños muchachos necesitan salir y necesitan hacer bebés para continuar nuestra especie. La madre naturaleza se aseguró de que hagas tu parte marcándote con la programación básica que te empuja a hacer tu trabajo y que lo hagas seguido.

Esta es la programación que te hace ver a todas esas chicas guapas en el centro comercial. Repetidamente.

Esta es la programación que te hace que sigas viendo a esa MILF (mamá que me gustaría coger) en la reunión de padres que acaba de ponerse implantes de chichis.

Esta es la programación que hace a la pornografía una industria de billones de dólares.

Nuestro deseo sexual es una parte esencial de nosotros. Está AHÍ, y vivimos con él. Es natural. No se va a ir a ningún lado. Es una gran parte de lo que nos hace hombres.

Tu esposa sabe esto. Sabe que te masturbas con porno. Sabe que fantaseas. Te agarró viendo a esa chica joven el otro día en el juego de volley. Probablemente dijo algo al respecto.

Dependiendo de la salud de tu relación, incluso te pudo haber avergonzado por eso.
Los hombres erróneamente piensan que una vez que se casaron, este deseo y atracción a otras debe ser escondido. Pensamos que somos estúpidos animales cachondos. Parece que nuestra comunidad requiere que mantengamos esos impulsos a raya y canalicemos esa energía en nuestro rol como el proveedor de la familia. No hacerlo significa que estamos invadiendo territorio "imbécil", o peor... "esposo y padre inepto".

Entonces... ¿Cómo demonios se supone que debe caber tu, siempre presente y muy maligna, sexualidad masculina en el rol preferido de "proveedor"?

Es frustrante.

A pesar de lo que la sociedad nos diga, estos impulsos deben salir, de una u otra forma. Si no, perdemos la cabeza.

Pero espera un minuto… ¿qué es esto? ¿Tenemos una mujer en la casa? ¡Nuestra esposa! ¡Sí, por supuesto! ¡La amamos! ¡Incluso nos casamos con ella! ¡Genial! Vamos a poner este espectáculo en el camino.

Tú: "¡Cariño! ¡Tengamos sexo! ¡Será magnífico!"

Ella: "No."

Tú: "Demonios."

¿Ahora qué? Pues, si eres como la mayoría de hombres afuera, conoces todos los mayores sitios web porno de memoria. Probablemente tienes una categoría favorita de videos que te gustan. Una "actriz" favorita. Probablemente algunos enlaces específicos señalados. Parece que siempre logran hacer el trabajo rápido. Entonces tu esposa ve tu historial web en tu navegador. No le gusta. Se supone que ya no te deben gustar esas cosas, ¿recuerdas? ¿Olvidaste tu rol en la vida? ¿Qué clase de hombre y padre eres? ¿Por qué estás viendo estas cosas? Por un demonio, córtalo ya, enfermo pervertido.

Has sido avergonzado.

La vida sexual se ha hundido. El porno es vergonzoso. ¿Qué

demonios puedes hacer?
¡Sabes qué hacer! Subirás el nivel de las cosas. Sientes que probablemente ella duda de tu atracción hacia ella y cuestiona tu fidelidad. Le demostrarás que está muy equivocada. De hecho, ya no NECESITAS todos esos estímulos externos. ¡Le demostrarás lo devoto que eres hacia ella y sólo hacia ella!

¡Le mostrarás tu lado más suave, más romántico! ¡A ella le gusta eso!

¡Le mostrarás que no existe ninguna otra mujer en el planeta, excepto ELLA!
Entonces ella se dará cuenta de lo romántico que eres, recordará por qué se enamoró de ti, y tu vida sexual se avivará.

Sí… no.

Así como tu miedo a la confrontación (esposa feliz, vida feliz), estás fingiendo. Estás conteniendo tus verdaderos sentimientos, tu NATURALEZA verdadera, con el turbio propósito de obtener afecto de tu esposa.

Ella sabe exactamente quién eres. Ella está consciente de la verdadera naturaleza sexual de los hombres desde que entró en la pubertad y de pronto le crecieron chichis. Sabe que tienes impulsos. Probablemente le has recordado de tus necesidades en numerosas ocasiones.
Al atenuar estos impulsos y profesar que SÓLO ELLA tiene la llave a tu naturaleza humana masculina (con o sin sexo

real con ella), la estás poniendo sobre un pedestal.

Ella no tiene otra opción sino menospreciarte.

Si ella no te respeta, no te cogerá.

Mira aquí un escenario común de un "shit test":

Tú y tu esposa están viendo televisión. Es uno de esos reality show de "Solteros" donde el tipo fuerte sale a citas y elige de un harén de mujeres atractivas. Eventualmente una será elegida, y la chica suertuda tiene la oportunidad de ser su novia o incluso su prometida.

Es porno para mujeres, básicamente.

Esposa: "¿Qué chica crees que se ve mejor?

Esposo: "Eh, no lo sé."

Esposa: "No, dime. ¿Cuál escogerías si fueras él? Sé honesto."

Esposo:"Sudando profusamente" "Ehhh… pues… la rubia se parece mucho a ti. Pero tú tienes mejores piernas."

Esposa: "Ja. Hablas pura mierda. Ella tiene como VEINTE años y es impecable. ¡Es una atleta olímpica! Nunca he tenido piernas como esas. No he ido al gimnasio como en 15 años."

Esposo: "Eh, pues, yo pienso que eres hermosa como eres."

Esposa: "¿Cómo soy? ¿Qué demonios se supone que significa eso? ¿Cómo SOY, exactamente?"

Esposo: "Suspiro..."

Prueba fallada.

Como puedes ver en este escenario, incluso la bien intencionada mentira fracasa. Ella olió su mierda de inmediato. Ella sabe que a él le parecen atractivas esas mujeres y sabe que ella ya no es una jovencita. En lugar de ser honesto, el hombre empieza a tartamudear y a tener espasmos como un adoloscente ñoño que fue pillado masturbándose en el baño.

Admitir tu atracción a otras no es vergonzoso. No has sido "pillado" haciendo algo malo. Enorgullécete de tu sexualidad.

Así es como habría sido esa conversación entre mi esposa y yo.

Esposa: "¿Qué chica crees que se ve mejor?"

Yo: "Mmm... Me gusta la morena. Hay algo sexy en ella. Tiene un buen cuerpo pero parece un poco tosca. Pero, apuesto que es pervertida. La pelirroja es un poco gordita pero linda. Tiene esa pinta de "la vecina de a lado". Mmm... dura decisión. Probablemente la morena."

Esposa: "Sí, pero la morena está a unos pocos años de verse muy mal. Un poco loca también. No es material para esposa. Me gusta la rubia."

Yo: "Oh, no estaba pensando en material para esposa. Sólo estaba pensando en unas horas de diversión. Se volvería una molestia muy rápido. Está más loca que una cabra."

Esposa: "Jaja. Síp."

¿Ves la diferencia? Es liviano, honesto y juguetón. Es divertido pero sexy.

Ok, pero qué si el esposo estaba siendo honesto y le salió el tiro por la culata?

Esposa: "Sabes qué.... eres un imbécil. Si me hubieras preguntado sobre un montón de tipos, habría dicho que ninguno se ve bien. No me interesan otros hombres. Aparentemente, a ti te interesan muchísimo otras mujeres."

Esposo: "JAJAJA. Pues, ¡tú preguntaste!"

Esposa: "Lo que sea."

La esposa está encabronada. La esposa lloriquea.

Al esposo fuerte, honesto y atractivo no le importa. Piensa que es comiquísimo. ¿Por qué habría de tomarlo en serio? Él contestó a su maldita pregunta. Si ella estaba buscando comodidad y mentiras en lugar de la verdad, puede ir a hablar con sus amigas. Su hombre es una roca y está ahí para ser honesto. Ella puede contar con él para ser veraz, incluso cuando duele. Especialmente sobre una cosa tan tonta como cuál es la chica más linda en un reality.

El momento pasará. No es gran cosa.

"¿Qué chica crees que se ve mejor?" = "¿Estás dispuesto a ser honesto conmigo y contigo incluso si significa lastimar mis sentimientos? ¿Puedes manejar lo fastidiosa y enojada que me puedo poner como resultado o vas a pasar como un pequeño bebé?"

Recuerda: Si un hombre no puede ser honesto consigo mismo, no puede ser honesto con otros. No es digno de confiar. Es una gallina. Siempre quieres rondar en el lado de la integridad y honestidad. Siempre.

Una esposa sabe que su hombre es sexual. Ella sabe que a él le atraen otras mujeres. MUCHAS otras mujeres. Él quiere tener sexo con ellas. Dah. Es un hombre. No sale y se agarra a un montón de mujeres porque está casado y es abnegado a su esposa. Está haciendo un sacrificio.

Ella lo sabe. Tú lo sabes. Deja de cambiar la realidad para contener sus sentimientos. Deja de caminar en puntillas alrededor de ella. Deja de caminar sobre huevos. Está bien si ella está enojada. No es el fin del mundo.

¿Quieres calcular qué tan atraída sexualmente está tu esposa hacia ti? Haz que alguien le pregunte:

"Qué tan rápido crees que tu esposo podría conseguir a otra mujer y tener sexo con ella?"

¿Ella se ríe? Eso significa que no eres un ser sexual en sus ojos. Eres un proveedor por el que ella perdió el respeto y ya no lo ve como un ser sexual. Tienes mucho trabajo que hacer.

¿Ella se pone preocupada y enojada con esa idea? Ella sabe que eres atractivo y un buen partido. Tus recursos y alianza pueden irse fácilmente.

¿Ella se excita? Entonces, ¿Qué demonios haces leyendo este libro? Es una ninfómana y está loca por ti.

El hombre que otras mujeres encuentran atractivo es atractivo para su esposa. El hombre que podría salir y conseguir sexo la próxima semana es un hombre que se esta cogiendo a su esposa frecuentemente.

"Él podría tener a muchas otras mujeres bonitas, pero me escogió a mí."

Esto es raro en un esposo estos días. Raro es bueno. Esa es tu meta. Una gran parte de alcanzar esa meta es ser un hombre fuerte y de integridad.

Error #5: Hablar Hablar Hablar

A ver, has probado darle regalos románticos de reconocimiento, has aumentado los quehaceres domésticos, eres mucho más complaciente y le has asegurado que no hay otra mujer que, incluso remotamente, se acerque a excitarte como ella.

No funcionó, ¿Cierto? Tu vida sexual parece estar estancada en terrible. No hay pasión. No hay energía. Como mucho, tu esposa te está dando sexo por lástima para callarte.

Ahora. ¿Qué haces? ¿Renuncias? ¿La dejas? ¿Encuentras a alguien nueva?

Otras vez… eres un hombre. No has terminado de hacer pequeños ajustes debajo del capó del carro. Estás determinado a descifrar por qué este motor está fallando tanto.

Pides consejos. Amigos cercanos. Internet. Tal vez un terapeuta.

Todos repiten una cosa una y otra vez: COMUNICACIÓN.

Cuando te sientes de alguna forma, deberías sólo decirle, ¿Verdad? Tiene sentido. Eso es lo que los adultos hacen. Sacamos los problemas al aire y hablamos de ellos hasta que se resuelvan. Dar y recibir. Ceder. Esto es parte de cualquier buena sociedad.

Quieres sexo. Es importante para ti. Ella, obviamente, no siente lo mismo. Tal vez este es un estado natural para una esposa/mamá, y sólo necesitas recordarle que las parejas se supone que tienen sexo. Tal vez a ella, legítimamente, se le olvida la importancia de la intimidad física.

Tal vez ella no entiende qué TAN importante es esto para ti. Tal vez si la sientas y de una forma bonita le explicas lo lastimado que estás por esta falta de intimidad, ella de pronto accede y enciende el motor sexual para ti otra vez.

En última instancia, la intimidad física es una elección ¿Cierto?

Entonces, si eres como la mayoría de hombres, eventualmente colapsas en tu frustración y le dices cómo te sientes. Ella escucha. Se pone un poco emocional mientras te desgarras frente a ella. Parece genuinamente sorprendida de que estabas tan lastimado por esto. Ella dice que tienen sexo al menos una vez cada par de semanas... ¿eso no es suficiente? Le explicas que empezaste a llevar la cuenta del sexo y han pasado dos meses desde la última vez. Antes de eso, hubo una pausa de tres meses. Ella parece desconcertada por esto. "¿Estás seguro de que ha pasado tanto tiempo?"

Obviamente, esta sequía sexual no tiene el mismo impacto negativo en ella.

Sientes un rayo de esperanza. Puedes ver que la severidad de la situación está empezando a asimilarse. Estás llegando a algo. Continuas.

Le explicas que estás molesto por su aparente falta de deseo por ti. Nada que hagas nunca la excita. A ti ella siempre te excita, pero ella parece que no puede reunir la energía para reciprocar. "¿Es que ya no me amas?"

Ella empieza a llorar y a explicar.

Está bajo estrés, dice ella. La casa. Los niños. Trabajo. Es a veces demasiado con qué lidiar. Todas estas cosas no le permiten entrar en la mentalidad necesaria para excitarse sexualmente. Ni siquiera piensa en sexo. No eres tú, es ella. "Solo sé paciente y comprensivo conmigo. ¿Está bien?"

La abrazas. Le dices que lo sientes. Ayudarás más en la casa, recogerás a los niños de la escuela tres días a la semana en lugar de dos. Estarás más ahí para ella, emocionalmente. No has sido el mejor compañero. Puedes hacerlo mejor.

Ella aprecia tu ayuda y te agradece por ser tan buen esposo y amigo.

Se besan. Se abrazan por un momento. Más lágrimas. Ella se levanta para hacer la cena. Tú vas a jugar con los niños.

Más tarde esa noche, vas a la cama y la vez ya dormida bajo las cobijas. Le das un beso gentil y vas al sótano con tu portátil y te masturbas con porno. Otra vez.

De todas formas, si eres honesto, SÍ te sientes mucho mejor

sobre tu situación. La comunicación es importante después de todo. Se siente bien sacar todo eso de tu pecho. Al fin sientes que la relación podría moverse en la dirección correcta.

Otro mes pasa. No hay sexo. Decidirás tener la conversación otra vez.

Las conversaciones subsiguientes con tu esposa no serán tan dulces. Ella se pondrá más frustrada contigo. La fachada emocional se va y es reemplazada por enojo e irritación.

A veces, ella parece casi repugnada por tus caricias. Incluso los más inocentes masajes en la espalda y besos hacen que se ponga rígida.

Se siente como que fueran compañeros de departamento, o peor… hermanos.

Más conversaciones. Más vómito emocional. Más ira. El ciclo continúa.

Métete esto en la cabeza: La conversación no funciona.

La conversación solo le reafirma lo que ella ya sabe por dentro: Tú no eres el tipo de hombre que se quiere coger.

Lo que estás haciendo es buscar su ayuda. Le estás pidiendo que ella arregle el problema. Te estás poniendo en un rol servil. Eres como un niño pidiendo a su mamá que arregle su juguetito.

Este es un asesino de la líbido femenina.

Cada conversación solo pone una cosa en su cerebro. "Oh Dios. Me casé con un tipo que simplemente no lo ENTIENDE y probablemente nunca lo hará."

Cuando te arrancas el corazón con tu esposa, estás tratando de apelar a su lado racional.

"¿No recuerdas cuánto nos amamos? ¿Recuerdas los buenos tiempos? ¿Recuerdas todos esos sentimientos amorosos y románticos que nos tenemos? La intimidad es una elección. Te amo y elijo desearte sexualmente TODO el tiempo. No entiendo por qué te rehúsas a tomar la misma decisión."

En lugar de apelar a su mente racional, estás desencadenando una respuesta instintiva que empuja a la líbido en la dirección equivocada. La racionalidad no entra en el mundo del erotismo y el deseo animalístico que tanto quieres y necesitas. Tener "la conversación" con tu esposa es como caminar en medio de un funeral y hacer un striptease. Si la conversación fuera realmente una cosa abierta y honesta, iría algo así:

Tú: "¿Por qué no tenemos más sexo?"

Ella: "Porque no me excitas."

Tú: "Está bien. ¿Qué necesito hacer para excitarte más?"

Ella: "Si tengo que decirte qué hacer, entonces se me van las ganas aún más. Sólo deberías saber qué hacer. Quiero un hombre que solo lo SEPA."

Tú: "Bueno, entonces no hay esperanza para mí, ¿verdad?"

Ella: "Probablemente no, depende de ti."

Tú: "Entonces, ¿eso es todo? ¿Deberíamos divorciarnos?"

Ella. "Tal vez, pero eso sería feo y nos costaría mucho dinero y causaría daño irreparable a largo plazo para los niños. ¿Qué si mantenemos esto por un tiempo hasta que uno de nosotros tenga una aventura."

Tú: "Está bien. Estaré en el sótano."

Ella: "Ok. Disfruta masturbándote. Perdedor."

Todo lo demás dicho en la conversación son pendejadas. La conversación son sólo dos personas bailando tap alrededor del panorama más grande.

Todos están ignorando al elefante en la habitación: Ella simplemente no está excitada.

La CONVERSACIÓN es una de las peores cosas que puedes hacer para tratar de reavivar el deseo sexual.

Entiendo que tienes muchas cosas en la cabeza y te sientes triste y quieres contarle a tu pareja. El problema es que a ella no le gusta que su hombre se desmorone con ella. Ella ciertamente no quiere ser recordada de cómo ya no tiene ningún deseo sexual por ti.

Para ella. el mundo ya se siente como si estuviera girando fuera de control a veces. No estaba mintiendo sobre toda la presión bajo la que está. A veces es demasiado, Tú sólo estás sumando al estrés de la vida en lugar de ser el escape que ella tanto quiere y necesita.

Ella no quiere TUS problemas encima de la pila gigante de sus PROPIOS problemas.

Especialmente cuando la causa subyacente de tus problemas se puede resumir como, "Sabes… eres un poco mala esposa."

Sí, ella se queja acerca de todo contigo, TODO EL PUTO TIEMPO. Sí, tú deberías poder hacer lo mismo cuando se trata de su falta de sexo. No, no puedes. Sí, es doble moral. Sí, es sexista. Lo siento, es la vida real. ¿Por qué piensas que, por siglos, los hombres han enfrascado sus inseguridades y emociones y solo tienen conversaciones profundas con amigos cuidadosamente seleccionados?

Porque a nadie más, especialmente a tu esposa, le importará que no tengas el sexo que suntuosamente mereces.

"Pero, eso no es lo que ella dijo."

Tu esposa puede pedirte que por favor te abras con ella y le confíes tus sentimientos. Podría decir que no se siente cerca como pareja a menos que le digas qué pasa contigo y por qué estás tan bajoneado últimamente.

No lo hagas.

Primero que nada, ella absolutamente sabe lo que pasa en tu cabeza. Le has estado rogando por sexo de una forma u otra por algún tiempo. De nuevo, ella sabe que los hombres son usualmente más cachondos que las mujeres. No es un secreto bien guardado. Para ella, todo lo que haces en la casa parece revolotear alrededor de tratar de meterte en sus pantalones.

Entonces, ¿por qué habría de pedir que te abras si no quiere oírlo?

Porque esta es otra de esas PRUEBAS.

Casi todo hombre casado ha experimentado un escenario similar a este:

Ella: "Por favor dime qué pasa. Soy tu esposa. Necesitas compartir estas cosas conmigo. Te amo. Estoy aquí para ti."

Él: "Está bien... bueno..." [inserte cantidades masivas de vómito emocional aquí]

Ella: "Pues... Voy a necesitar un tiempo a solas para procesar esto. Sólo...no... no me toques ahora. Sólo...déjame sola por un rato."

Tu esposa no está programada para escuchar a su hombre lloriquear sin fin.

Para citar a la autora y psicoterapeuta Esther Perel:

"Los hombres tienen miedo de las tensiones de las mujeres, pero las mujeres tienen miedo de los colapsos de los hombres-piensan que van a decrecer, de pronto pasar de hombre a niño y a bebé. Las mujeres piensan que los hombres son más frágiles en algún nivel fundamental, y piensan que si los dejas desatarse, se desmoronarán. Muchas mujeres no confían en la resiliencia emocional de los hombres. Ellas piensan que son superiores en este terreno.

Muchas mujeres también tienen miedo de si suavizan a su pareja, entonces ellas no podrán arrimarse en él. Ellas todavía quieren, fundamentalmente, que él sea fuerte, porque eso les permite a ellas desmoronarse: Necesito saber que me puedes sostener y que eres fuerte. Si no eres fuerte, no puedo desatarme. Esto es verdad en el sexo y es verdad emocionalmente. Si cuando por alguna razón, él se suaviza, hay una parte de ella que se siente enojada. En lugar de volverse compasiva, se vuelve enojada."

Tu esposa, especialmente, no está programada para escuchar a su esposo quejarse sobre lo que ella ya sabe en el fondo: Él no la excita.

Podrías, muy bien, sentarla, empezar a llorar y gritar repetidamente en su cara, "¡NO SOY ATRACTIVO! ¡NO

SOY ATRACTIVO! ¡NO SOY ATRACTIVO!"

Ella AMARÍA llegar a casa todos los días a una roca de hombre que sea fuerte sin importar lo que pase en el mundo. Ella quiere un hombre con quien pueda colapsarse. Alguien que la haga sentir segura y amada.

En lugar de eso, tiene a un pequeño y llorón esposo que repetidamente pide sexo y balbucea tonterías, como un chiguagua rogando por las sobras de la mesa.

No es bueno. No es masculino. No es atractivo. Muy necesitado.

Cuando hablas con tu mujer sobre su falta de líbido, podrías también hablarle al cielo sobre la falta de lluvia. Tendrás el mismo resultado.

Sí, después de mucho gimoteo, tu esposa puede eventualmente tirarte un hueso para callarte. Finalmente cederá y tendrá el aterrador "sexo por lástima" contigo. "Bueno… hagámoslo. Pero apúrate, mi programa empieza en 10 minutos."

Pero, si somos honestos, no nos gusta. Ni un poco. Realmente no queremos un maniquí, sin vida, acostada en la cama con las piernas abiertas diciendo, "Cógeme. Por favor. Semental. Tómame. Oh Dios. Sí." mientras vuela en el espacio, como un robot monótono sarcástico.

Queremos pasión.

Queremos ser deseados.

Queremos una mujer que no pueda contenerse.

Queremos sentirnos como un hombre otra vez.

HABLAR y racionalizar con tu esposa nunca traerá eso.

Estás pensando como un hombre. "Quiero sexo todos los días. Tengo un pene. Tú tienes una vagina. Estoy excitado sólo de pensar en eso. Hagámoslo."

Recuerda, estás creado para hacer esto. Te pones erecto si el viento sopla de la forma correcta. En caso de que no te hayas dado cuenta, tu esposa no está construida de la misma forma.

Desde un punto estrictamente biológico, la líbido está grandemente gobernada por la testosterona. Tienes aproximadamente DIEZ VECES la cantidad de testosterona que ella tiene. Esto es lo que te da una voz más grave, vello corporal, huesos más fuertes, músculos y el deseo de cogerte a todos esas muchachitas de 18 años que viste en el cine el fin de semana pasado.
Para encender el motor de tu esposa se necesita una delicada receta, muy parecida a un suflé. Un movimiento en falso y todo colapsa.

Has venido haciendo los movimientos incorrectos por años. Una pequeña conversación no va a resolver esto. Cientos de conversaciones no resultarán en deseo carnal.

Estamos hablando de emoción. Naturaleza. Naturaleza humana. Nuestra programación innata. No puedes vencer eso con razón y lógica.

Deja de tratar. Deja de hablar.

A esta programación le importa un comino.

Capítulo 3
"Los buenos chicos" terminan al último

"Si estás gritando a una mujer, todo lo que deberías decir es, ¿Por qué no puedes ser mi mami? ¿Por qué NO eres mi mami?"

Marc Maron

Todos los cinco errores tienen una cosa en común

Sus métodos y resultados esperados no están basados en la realidad. Todos están basados en el mundo como DEBERÍA ser. Todos son del libro de reglas del típico "Buen Chico".

X no parece ser igual a Y… pero, demonios, ¡debería!

Este concepto de "debería" no te está llevando a ningún lado en la vida.

Estás pataleando como un niño y gritando "¡NO ES JUSTO! ¡SOY REALMENTE UN TIPO GENIAL! ¡¿DÓNDE ESTÁ MI SEXO?!" ¿Cómo está funcionando eso para ti?

Estás tratando de aplicar tu lógica, razón, y sentido del bien y el mal a un mundo donde el comportamiento más básico e instintivo es el supremo rey.

No puedes cambiar su falta de deseo siendo el buenito.

El mundo del deseo sexual está gobernado por el instinto. Está controlado por miles y miles de años de programación que está incrustado en nuestro ADN.

A veces, la programación es predecible.

"Si joven mujer bonita con piel linda y forma sexy, mirarme, sonreírme y jugar con su pelo - Entonces activar secuencia de erección para rápida copulación."

A veces, la programación es confusa.

"Si estrella de rock adicto a la heroína, andrógino y flacuchento me mira -> Entonces bombear sangre a vulva para incrementar oportunidad de coito y fertilización exitosa."

Pero, no hay absolutamente nada en esa programación que diga:

"Si macho dulce, bien intencionado que prometió amarme incondicionalmente por siempre, me pide sexo -> Entonces activar secuencia de fornicación inmediata."

Esta programación no es linda. No es políticamente correcta. No le importas tú o tus sentimientos. No toma en consideración los últimos 100 años de cambio social progresivo. En términos evolutivos, eso es una fracción de un pestañeo.

A esta programación ciertamente no le importan tus últimos 10 años siendo un gran papá y pareja amorosa. La programación se ríe de tus comportamientos de buen chico.

Sí, la programación es una imbécil mayor.

Y aún así, todos pensamos que podemos burlar a esta programación. ¿No es así? De verdad no te culpo por tratar. Parece que controlamos todo lo demás a nuestro alrededor, entonces ¿por qué no la sexualidad humana? Seguramente, podemos elevarnos más allá de la superficialidad de la programación cavernícola y volvernos más profundos, seres humanos más reflexivos y dejar de lado toda esta mierda superficial. ¿Verdad?

Desafortunadamente, no. Seguimos tratando de reescribir la programación… y seguimos fallando. Podremos tener éxito temporal (horrible sexo por lásitma), pero el resultado final es el mismo: La esposa tiene aún menos ganas que antes.

He estado ahí, he hecho eso, junto con millones de otros hombres.

Los cinco errores están arraigados en la creencia de que la máquina sexual que tenemos en nosotros es inherentemente moral. Pensamos que vivimos día a día en un mundo que podemos manipular con nuestro libre albedrío. Extendemos esa mentalidad a temas que son ridículamente erróneos.

Pensamos que nuestra esposa puede elegir estar o no estar sexualmente excitada.

No puede.

Sí, ella puede físicamente entrar en la habitación, sacarse la ropa , abrir las piernas y decir "Dale. Termina con eso." Lo que ella no puede hacer es prender el interruptor que hace que se encienda el VERDADERO deseo sexual. Hacer los movimientos no significa que ella esté excitada.

Significa que está tratando de callarte y terminar con eso

para que pueda moverse a cosas más importantes.

No quieres eso. Ninguno de nosotros quiere eso.

Es momento de tirar la toalla y escuchar a la máquina primitiva por una vez. No se va a ningún lado. Ha estado ahí por miles de generaciones.

No puedes meterte en sus pantalones siendo "buenito"

Para ilustrar: No me importa qué tipo de habilidades de coquetería o personalidad impresionante ella tenga, no me puedo excitar por una mujer de 900 libras y barba. Ella puede decirme lo perra que es, y cómo ganó el premio a "Mejor mamada en Texas" 10 años consecutivos… pero ella no puede ganarle a mi programación innata que grita, "¡¡CORRE POR TU VIDA!!".

Las mismas reglas aplican para tu situación.

"Viejo… ¿Me estás llamando mujer barbuda de 900 libras?"

Sí. Sí lo hago.

No me importa cuántas fundas de basura sacas, cuántas carteras le compras, qué tipo de SUV elegante le rentas, cuántas conversaciones profundas y largas sobre tu horrible vida sexual tengan… Estas cosas simplemente no pueden encender su motor sexual.

De hecho, podrían hundirte, incluso más en el hueco de mierda del que estás tratando de escapar. ¿Por qué? Porque simplemente no lo entiendes. Su programación quiere a alguien que lo ENTIENDA. Su programación está buscando pareja para sus necesidades primordiales. Entre más cometas los mismos errores, más refuerzas las respuestas instintivas negativas que ella tiene en lo profundo de su programación.

No es sorpresa que estés en una cama muerta.

Seamos honestos… Tu esposa te ama. Aprecia todo lo que haces por ella y los niños. Valora tu amistad y compañerismo a lo largo de los años. Ella, de hecho, podría considerarte el amor de su vida. Ella podría planear vivir contigo hasta el día en que muera.

Nada de eso puede vencer al cerebelo enviando señales repetitivas que dicen "ABORTAR RESPUESTA SEXUAL. ESTE MACHO NO ES ADECUADO PARA REPRODUCCIÓN". Esas señales pueden no ser lo suficientemente fuertes para que ella se divorcie de ti, pero esas señales son las que mantienen sus cómodos pantalones puestos noche tras noche.

Nada puede revertir esa programación… excepto alguien que de verdad la excite.

¿Tú simplemente quieres que ella te vea, se muerda el labio, se saque la ropa, y te arrastre a la habitación?

Esa es una reacción primitiva. Esto requiere acciones primitivas de tu parte.

No puedes sacar deseo de ella con amabilidad y comprensión.

Apesta… pero es verdad.

Los chicos buenos, de hecho, terminan al último.

Deja de poner a la Pobre Mujer en un Pedestal

Mira, lo entiendo. Eres un buen hombre. Tienes un buen corazón. Amas a tu esposa y sólo quieres esa pasión de vuelta. Estás teniendo dificultades balanceando tu cachonda programación masculina con tu cerebro racional diciéndote que amas a tu esposa y que ella es tu mejor amiga, pareja, mamá de tus hijos, etc.

Esto no cambia el hecho de que ella tiene un poco de defectos al igual que tú. Has idolatrado a esta pobre mujer por demasiado tiempo.

Tu esposa se pedorrea. Ella caga. Le salen granos. Tiene arrugas. Tiene celulitis. Huele mal si no se baña. Ella carece completamente de superpoderes. De hecho, ella es, probablemente, físicamente más débil que tú.

Ella es un ser humano.

Lo sé… te han dicho que siempre seas un caballero. Que la trates como a una reina. "Esposa feliz, vida feliz". Ella es el hada del sexo, después de todo. Una flor delicada que requiere gran cuidado. Necesitas mantener tu estofado de masculinidad tóxica en llama baja o te arriesgas a ser un idiota abusivo y asustarla y que se vaya.

Este tema "suave" impregna tanto tus acciones como tus resultados.

Tus regalos, tus quehaceres domésticos, tus mentiras, tu caminar en puntillas, tus constantes conversaciones y búsqueda de consuelo… Todas tienen el tema de "Por favor, su alteza, ¿soy ahora digno de su afecto?"

Todo es una variación de un tema: Necesidad.

Cada vez que tratas con uno de los cinco errores, estás golpeando el cincel imaginario. Pieza a pieza, estás construyendo un monumento de mármol a la imagen de tu esposa. La placa en el frente dice, "Mi esposa. Ahora es una perra gigante que nunca quiere sexo conmigo. Igual la idolatro. La necesito. Sin ella, estoy perdido."

Al contrario de las creencias populares, ella no quiere ser la soberana de tu mundo. No quiere que la idolatres. No quiere que la NECESITES. Ella quiere que TÚ seas la estatua de mármol, no ella. Ella quiere poder apuntar al otro lado de la habitación llena de gente y decir a sus amigas, "¡Ese es MI HOMBRE!"

¿Cómo puede ella admirarte y respetarte si te está viendo hacia abajo desde el pedestal?

Si ella no te respeta, no te cogerá.

"Mi esposa me dijo que ama mi lado bondadoso y dulce. Me dijo que quiere más de eso. Le gusta cuando le sirvo. Odia cuando actúo de alguna otra forma. Dice que eso le quita las ganas y arruina cualquier oportunidad que tenemos de sexo futuro."

Escúchala… sonríe… y observa.

Lo que ella HACE es mucho más importante que lo que ella DICE.

O, en tu caso, lo que ella NO está haciendo (tener sexo contigo) es más importante que lo que ella dice. Estás escuchando a una mujer que está atraída por ti decirte que la llave para su atracción es "seguir siendo tú".

Eso no tiene ningún sentido.

¿Quieres que comparta las incontables historias de hombres que empezaron a espiar a sus esposa frías y asexuales y encontraron diarios y fotos sucias de ellas haciendo actos sexuales, locos y ahora prohibidos con sus exnovios? Ella fue capaz de llegar a ese estado erotico tan esquivo con "perdedores" de su pasado, pero ella no es capaz de hacer lo mismo con su amoroso y devoto esposo de veinte años. "Era una chica diferente en esos tiempos. He cambiado."

¿Quieres escuchar sobre el tipo que nunca lograba que su esposa le haga sexo oral porque decía que era "asqueroso" y "ese tipo de cosas son para el porno", solo para encontrar un video de ella teniendo un trío la semana pasada con un tipo y una chica de su clase de crossfit?

Que tal sobre los incontables hombre frustrados sexualmente que miran fijamente enojados al bastante usado vibrador de su esposa y a la creciente pila de novelas eróticas.

Tu esposa también tiene necesidades sexuales/íntimas. Ella es un ser humano. En este momento, esas necesidades o están dormidas o están esperando a salir por el tipo correcto, o ya están afuera y se está revolcando con alguien a tus espaldas.

"Pero, ella dijo…"

Ella DIRÁ cualquier cosa que sienta que quieres escuchar. Tus acciones a través de los años, probablemente le han dicho que eres un tipo bastante sensible. No quiere ver a un hombre trompudo lloriqueando en la casa… así que mantiene sus verdaderos sentimientos para ella. Puedes pensar en esto como su versión de "esposa feliz, vida feliz". Un hombre derrotado y llorón la pone ansiosa y a veces enojada. De ser posible, ella preferiría no ir a ese espacio emocional. Decir, "No eres tú, soy yo" o "Sólo sé tú" te mantiene a raya.

Si tú eres un Señor Extraordinario Proveedor o el mejor papá en el universo, entonces ella REALMENTE no quiere hundir el bote de la relación. Tiene algo bueno. "No eres tú, soy yo" le compra más tiempo. Tal vez te dará un poco de sexo por pena para mantenerte callado por un tiempo. Debe mantener la máquina proveedora de recursos funcionando.

Por otro lado, ella podría NO saber por qué ya no siente deseo por ti. Lo único que sabe es que el interruptor se bajó hace un tiempo y nada parece poder volver a encenderlo. El sexo simplemente no está más en su cabeza. "Tal vez sólo soy asexual" dice ella, o peor, "Tal vez soy una persona dañada".

Un número sorprendente de mujeres no tienen ninguna idea acerca de lo que enciende su motor sexual. Irónicamente, ellas también sienten que DEBERÍAN sentirse excitadas y listas para tener sexo con sus esposos… pero, no pueden juntar la energía y ponerse en el estado mental necesario para llegar a ese nivel de intimidad y erotismo con su esposo amoroso. Fingirlo y el sexo por pena las mata por dentro tanto como mata al esposo.

Muchas mujeres hablan abiertamente sobre sexo con sus amigas. Informarán al esposo (después de una de sus muchas conversaciones): "Muchas mujeres son como yo. Simplemente no queremos tanto sexo después de tener hijos. Es natural. No hay nada malo en eso." Sí, es un comportamiento perfectamente natural y predecible. Eso es hasta que llega alguien más que encienda su motor sexual otra vez. Ese despertar sexual es igual de natural y predecible.

Mi experiencia muestra que cuando estas mujeres de "baja líbido" SÍ se despiertan de su sueño sexual… Oh Dios. Cuidado. "Desviación sexual" ni siquiera empieza a describirlo. "Puta" no es una palabra suficientemente fuerte.

Ahí es cuando los hombres que descubren una aventura se encuentran diciendo, "Esta no es mi esposa. Está actuando como loca."

No, es tu esposa. Siempre ha sido tu esposa. No está "loca". Está enamorada. Está excitada. Las personas enamoradas hacen cosas locas e irracionales. Cometen errores garrafales. Se mudan al otro lado del país. Renuncian a sus trabajos. Actúan tonta e irresponsablemente. Son como adolescentes locas y rebeldes. También tienen mucho sexo.

Quieres generar este tipo de respuesta "loca" en tu esposa. Ella también lo quiere.

Pregunta de visión general. ¿REALMENTE quieres tú, señor chico bueno, sexo de tu esposa?

Dos preguntas que necesitas hacerte a ti mismo:

1. ¿REALMENTE deseas a tu esposa?
2. ¿Estás REALMENTE dispuesto a hacer los cambios necesarios para mejorar tu vida sexual?

Primero desmenucemos la primera pregunta. Aquí tenemos un escenario común que escucho de hombres con los que hablo en sesiones uno a uno (puedes agendar tu propia sesión conmigo en dadstartingover.com, sólo inglés):

Lector: "Mi esposa es horrorosa. Hace todas estas cosas horribles regularmente. Déjame contarte acerca de estas doce cosas espantosas que hizo ayer."

Yo: "Está bien, sí… eso es horroroso. Entonces, ¿cuál es tu meta con esta relación?

Lector: "Pues, leí Reaviva la Cama Muerta, así que, obviamente, quiero más sexo de mi esposa."

Paremos y pensemos en esto. El hombre me acaba de decir, en extenuante detalle, el horrible ser humano que es su esposa. Su siguiente pensamiento: "Entonces… ¿dónde está mi sexo?"

La trampa en estos escenarios es que la esposa SABE que no es una buena esposa. SABE que está tratando mal a su esposo. SABE que ha estado construyendo un caso para ganar el premio a la "eterna peor esposa" año tras año. Y sin embargo... aquí viene el Sr. Erección otra vez. "Entonces… ¿quieres tener sexo?"

¿Qué significa eso para la esposa? "Realmente no me desea a MÍ, solo quiere gratificación sexual." Básicamente quieres usar a tu esposa como un salvaje dispositivo sexual. En su mente, no hay un intento de conexión real. No hay un esfuerzo de convertirse en alguien que ella realmente desee. Ya no hay ningún intento de jugar al juego de apareamiento de ninguna forma… aparte de presionarla para que puedas usarla como un hueco caliente.

¿Tu esposa cabe en este escenario? Tú, de hecho, ¿sólo quieres usarla para satisfacer tus necesidades… en lugar de quererla por tu genuina lujuria y deseo por ELLA como persona? Cuando ella camina por la habitación, ¿te encuentras siguiéndola con los ojos y diciéndote, "Dios, es tan hermosa"? Cuando ella hace algo para ti y tu familia, ¿la ves y dices, "Es una esposa asombrosa. Simplemente la amo a morir? ¿Tienes genuinamente amor, admiración, aprecio y lujuria por tu esposa?

Me sorprende la cantidad de hombres que dudan con estas preguntas. Lo que debería ser una respuesta inmediata de, "¡Sí, por supuesto! ¡Estoy loco por ella!" es en su lugar una de entendimiento silencioso. "Guau!… realmente no me gusta mi esposa."

Si este es tu caso, tienes mucho trabajo por hacer. Tienes mucha introspección y pensamiento profundo que hacer acerca de ti, tu relación, y tu futuro como su esposo o como un nuevo soltero.

Ahora, vamos a la pregunta número dos: ¿Estás REALMENTE dispuesto a hacer los cambios necesarios para mejorar tu vida sexual?

Asumamos que todavía tienes amor, admiración, aprecio y lujuria genuina por tu esposa. No pienses ni por un minuto que las cosas van a ser mucho más fáciles para ti. La pregunta que he planteado puede parecer tonta (después de todo, compraste este libro ¿cierto?), pero estamos hablando de alterar tu realidad. Estamos hablando de hacer cosas que muy probablemente están MUY fuera de tu zona de comodidad. No puedo enfatizar lo suficiente esto, para muchos de ustedes, esto será un completo giro de 180 grados de como has hecho las cosas hasta este punto en tu matrimonio.

Algunos tipos empiezan este proceso y luego dicen, "Vale… ¿sabes qué? Nop. No pasará. Volveré a mi yo pasado." Años después todavía están en el mismo lugar que estaban, o peor.
No va a ser fácil. Ni un poco.

Debes tener cojones para hacer cambios reales. Coraje. La voluntad de fallar una y otra vez. Debes dejar de lado tu "ego masculino frágil". No puedes andar de puntillas para salir de este desastre.

Piensa en una habilidad que has practicado por años. Algo en lo que consideras que eres bastante bueno. Para mí, sería la fotografía y videografía. He tomado fotos por más de 20 años ya. Consideraría que estoy muy actualizado en toda la tecnología más moderna. Estoy muy bien preparado en el lado técnico de las cosas… ISO, profundidad de campo, balance de blancos, velocidad de obturación, regla de los tercios, etc.
Tengo un buen ojo para la estética y lo que hace una "buena" foto.

De todos modos, hay alguien ahí afuera que sabe UN MONTÓN más que yo. Veo un video de Philip Bloom y digo, "Demonios… apesto." Es un golpe al ego.

Pero en mi pequeño mundo de clientes y amigos, puedo hacer el trabajo. Soy jodidamente bueno. "Guau!… ¡¿tú hiciste eso?!"

Para el resto del mundo, soy promedio. Todavía tengo mucho por aprender.

Eso no es algo malo. Aprender es bueno. A veces significa dejar de lado mis nociones
preconcebidas de cómo se hace algo. Sólo necesito callarme, escuchar y aprender.

Los mentores son asombrosos. Valen su peso en oro. Te pueden salvar de cometer muchos errores y te permiten obtener resultados que de otra forma no podrías… y lograrlos mucho más rápido.

Entonces, con una mentalidad de mentor, ¿hay algún otro que podría ser un gran mentor de "Obtén sexo con mujeres"? ¿No? ¿No puedes pensar en ninguna persona? ¿Estás seguro de eso?
Mira hacia atrás en tu vida desde la pubertad hasta hoy. Recuerdas tu adolescencia. ¿Quién conseguía todas las chicas? ¿Quién era el Sr. Popular? ¿Qué niño de la escuela tuvo sexo primero? ¿Y en la universidad? ¿Quién nadaba en un mar de chicas y tenía que quitárselas de encima con un palo? ¿Quién metía a escondidas a chicas al dormitorio de la universidad? ¿Quién tiene la esposa MILF feliz por la que todos los otros papás en las escuela babean?

¿Tienes la imagen del tipo en mente? ¿Qué tienen en común todos estos tipos? ¿Qué hacen? Para encender el motor de tu esposa otra vez, tendrás que emular algunos comportamientos básicos que tú, irónicamente, has observado toda tu vida. Así es, te dieron lecciones de cerca de cómo anotar por AÑOS, pero las ignoraste, o les quitaste importancia. Esas mismas lecciones aplican ahora a tu matrimonio.

Estos pasos que debes tomar para generar deseo son pasos que has desechado continuamente por ser superficiales, estúpidos, manipuladores y arcaicos. Te has convencido que estás por sobre esas cosas tontas.

"No estoy para jueguitos."

"Ja, No tengo que hacer esas cosas... Estoy casado."

¿Oh sí? ¿No juegos? ¿Estás sobre esas mierdas? Ok, genial.

¿Cómo te está funcionando eso?

Exacto.

Deja de lado tus prejuicios. Ignora tu título universitario avanzado. Olvida lo que mamá te dijo. Pretende que no tienes una visión de vida, el amor y el matrimonio refinada, más iluminada y moralmente superior y sólo escucha. No tienes que escucharme a mí. Puedes seguir los interminables ejemplos que ves a tu alrededor todos los días.

Seré honesto... Soy un gran blandengue. Soy un tipo sensible. Soy por excelencia un tipo "dulce". Me encantan los bebés, los animalitos, jugar con mis hijos, el arte, la fotografía, la música, el romance... y siempre he sido así. Ese soy yo. No estoy hablando de cambiar quien eres. Estoy hablando de salir de tu zona de comodidad y reconocer que a veces debes hacer las cosas completamente diferente para tener el resultado que quieres.

A veces eso significa dejar de lado lo que piensas que es "bueno" y "amable" (muy frecuentemente no es así). Estamos regresando a cosas de nivel colegial. Estamos revisando las cosas que tu papá o tu hermano mayor debieron enseñarte pero no lo hicieron. Tal vez trataron, pero sus consejos fueron ahogados por las bien intencionadas chicas y amigos que te dijeron "Solo sé tu mismo."

¿Suena a que estoy hablando de citas y cómo seducir chicas? Sí… de cierto modo, lo hago. ¿Qué, pensaste que todo eso se acabó cuando te casaste? ¿Pensaste que serías más grande que esas cosas tontas? Ni cerca, muchacho.

Necesitas esas cosas tontas ahora más que nunca.

Está bien, todos hemos estado ahí. Algunos de nosotros aprendemos la lección a la mala. Algunos de nosotros nunca tenemos la oportunidad y morimos después de décadas de vida sexual y matrimonio mediocres e insatisfactorios. Algunos de nosotros aprendemos que nuestra esposa era una persona super sexual… pero sólo con otros hombres. Algunos de nosotros nos damos cuenta de que nuestra esposa se desenamoró de nosotros hace años y sólo se quedó por el cheque. Pero NO tú. Tú vas a decir, "Al demonio con eso." Tú vas a darle la vuelta a esto.

Capítulo 4
Sé Su Amante

"Un matrimonio exitoso requiere enamorarse muchas veces, siempre de la misma persona."

Mignon McLaughlin

Hace años, poco después de mi divorcio, estaba en la práctica de lucha de mi hijo mayor hablando con otro papá. Teníamos casi la misma edad, él me dijo que me vió alzando pesas el otro día en el gimnasio al que ambos íbamos.
Me dijo que en ese tiempo él solo estaba haciendo cardio para perder peso, pero que estaba impresionado con mi levantamiento de pesas.

Luego hizo lo que todo hombre mayor fuera de forma hace: Empezó a alardear sobre cómo

SOLÍA ser El genial Sr. Levanta pesas en su época.

Él: "Podía levantar 315 de pecho por 10 repeticiones cuando estaba en la universidad."

Guau! Nunca he escuchado esa antes.

Se lo permito. Le digo que él era más fuerte de lo que nunca he sido. Le digo que ahora me salto el press de pecho y en su lugar uso mancuernas por mi dolor de hombro, como necesito estirar mucho más, me toma más tiempo recuperarme....

Me corta. No quiere oírlo.

Él: "Sí, pues... no tengo que hacer ninguna de esas mierdas ahora. Soy casado."

Ves, él sabía que yo estaba soltero y saliendo en ese tiempo. El que mi esposa me haya dejado fue un gran evento en nuestro pequeño círculo de padres de luchadores.

Aquí está el trasfondo de lo que él realmente está diciendo:

"Tienes que hacer todo eso de crecer y mantener tu cuerpo porque estás buscando una nueva mujer. Yo ya tengo una. No es necesario mantener la farsa."

Hay una dinámica sobreentendida en juego en el mundo post-divorcio/soltería. Instintivamente reconocemos nuestra necesidad de disminuir nuestros rasgos de "Proveedor" y amplificar nuestros rasgos de "Amante". Vamos al gimnasio, nos vestimos mejor, nos cortamos el pelo más seguido, compramos un carro más deportivo, etc. Todo esto da la apariencia de ser "divertido" y "guapo". Sabemos que si queremos a la mujer de nuestros sueños, debemos vernos y hacer el papel del "Amante". Después de todo, estamos en modo cacería. Instintivamente sabemos la mejor forma de atraer a nuestra presa.

No abordas a una chica linda en el bar y le dices, "Soy muy bueno planchando y doblando la ropa."
Después, cuando finalmente conseguimos una mujer y nos casamos, el entendimiento universal es que debes voltear la balanza en favor del modo Proveedor. Puedes dejar ir las cosas estúpidas del Amante… ya no es necesario. Nosotros, como hombres, debemos enfocarnos en ser un Proveedor sobre todo lo demás. Ahora debemos entender nuestro rol en la vida y dedicarnos completamente a eso.

Es nuestra forma propia del clásico "Hasta que muerdas el

anzuelo (bait and switch)".

Esto es algo malo en muchos niveles.

Quieres ser el Amante de tu esposa. Siempre. Si no lo eres, entonces alguien o algo más le dará esos picos emocionales y físicos que ella necesita.

Decir "Sí acepto" no debería cambiar tus hábitos de apareamiento. De hecho, irónicamente, significa que debes incrementar tu calidad de Amante aún más. ¿Por qué? Porque ahora que ella tiene un esposo comprometido, naturalmente también empezará a acomodarse más. En el mundo de la líbido femenina, comodidad no corresponde a deseo sexual. Repito: COMODIDAD NO ES IGUAL A DESEO SEXUAL.

Pero, espera… comodidad es lo que quieres proveer, ¿cierto? Quieres ayudar a poner un techo sobre su cabeza. Comida en la mesa. Estás ahí para ella cuando las cosas salen mal. Ayudarle cuando está enferma, ¿Verdad?

Sí, por supuesto. Sigue haciendo esas cosas. Son cosas grandiosas. Eso es parte de ser un ser humano maravilloso. Esta es la esencia de ser un buen compañero de vida.

Pero date cuenta de que estas cosas no resultan en una esposa cachonda. No puedes simplemente poner todos los huevos en la canasta del Proveedor y esperar tener un nivel porno de actividad en la habitación.

Una relación romántica construida únicamente en puntos de Proveedor no es sostenible.

El paisaje del matrimonio ha cambiado drásticamente.

Chicos, algunos de ustedes están jugando de acuerdo a un muy viejo y desactualizado libro de reglas matrimoniales. Lamento tener que darles esta noticia, pero la década de los 50 ya se terminó. Las amas de casa a tiempo completo son una cosa muy rara. De hecho, las mujeres ahora son más estudiadas que nunca. Las mujeres componen la mayoría de nuestros graduados universitarios. Son enfocadas en su carrera. Sobresalen en sus trabajos y alcanzan altos niveles de rendimiento y rangos en sus compañías. Suzy Homemaker no está muerta pero está con respirador artificial.

¿Este nuevo rol en la vida hace que las mujeres sean seres humanos más felices y realizados? No, por supuesto que no. Están más infelices que nunca (bienvenidas a la inútil carrera de la rata, señoritas). Lo que hace es que les da más opciones en la vida. Tener más libertad refuerza el concepto de, "Realmente no tengo que vivir así, si no lo quiero."

Sabemos que las damas son volátiles por naturaleza. Un día ama algo… al día siguiente lo odia con pasión incandescente y tiene una explicación racional (y muy larga) del por qué de pronto cambió de opinión.

Ahora, aplica esta misma mentalidad volátil al matrimonio.

Las mujeres inician el 70% de los divorcios. Si no son

felices... se van y se llevan el BMW con ellas.

Los días en que el hombre podía llegar a casa después de un largo día de trabajo, sacarse el sombrero y esperar un trago y una comida caliente se fueron hace mucho. No hay una recompensa innata por ser el que se gana el pan y tiene pene. Tiene que encontrar otras formas para ganarse el título de "buen esposo". El cheque y el trabajo sin sentido ya no son suficientes. Ella ya tiene o puede tener esas cosas también. De hecho, para muchos de ustedes, sus esposas hacen más dinero que ustedes... o tienen la capacidad para hacerlo. Está a un ascenso de dejarte botado.

¿Qué si de hecho ganas más dinero que ella? Desafortunadamente, como muchos de mis lectores han aprendido, hay unas pequeñas cosas llamadas "divorcio" y "pensión alimenticia" que pueden encargarse de eso muy rápidamente. Millones de hombres han descubierto ese dúo dinámico de asignación de recursos obligada por el gobierno que despedazan el alma.

La esposa ya no tiene que soportar un matrimonio aburrido e insatisfactorio. Todas las barreras entre ella y una vida más plena han sido eliminadas. Ella es una mujer libre.

¿Quieres estar en una relación feliz y sexual con una mujer por el resto de tu vida? Tienes trabajo duro por delante, amigo.

Las mujeres están teniendo aventuras ahora más que nunca.

Muchos hombres que visitan mi sitio y me escriben han experimentado el dolor de descubrir la aventura de su esposa. Un gran porcentaje de esas aventuras fueron precipitadas por algún tipo de evento que cambia la vida que sirvió como un punto de inflexión en la relación. A veces fue estresante y terrible (como muerte o enfermedad), pero muchas veces fue algo simple como que la esposa reciba un gran ascenso en el trabajo.

Algo tan simple como un poco de dinero extra en su cheque fue la gota que derramó el vaso del matrimonio.

Es realmente muy simple: En algún punto de la relación, ella naturalmente perdió el interés sexual en su esposo (se asentaron la comodidad y el aburrimiento), pero se quedó con él por la familiaridad, seguridad y recursos. Entonces, por su propio esfuerzo, obtuvo la habilidad de hacer su propio dinero. Entonces tuvo una epifanía. Ya no hay una "necesidad" por su esposo.

"No es divertido… No me excita… Realmente ya no me gusta tanto… Hago más dinero que él… Entonces, ¿Qué estoy haciendo con él?"

Es ahí cuando ella baja la guardia y permite que sus botones sean presionados muy fácilmente. Su programación ha sido activada. "Deber encontrar nueva pareja". Irónicamente, ella corre a tener una aventura con un hombre que, bajo los estándares de cualquier persona, es un completo perdedor.

Todos: "No lo entiendo… ¡¿Él?!"

Seguro, su aventura no es alguien con un trabajo estable, tal vez vive en el sótano de sus padres, tal vez maneja un carro de mierda, y tal vez tiene un récord delictivo… pero es divertido, interesante y algo acerca de él presiona los botones de ella. Él la hace sentir sexy. Él cala algo que la hace "sentirse viva" otra vez. Él le permite quitarse temporalmente el aburrido revestimiento de "esposa" y "mamá". La presión social es milagrosamente levantada de sus hombros, un orgasmo a la vez.

Él es su amante. No es un proveedor. Ella lo sabe. Eso es precisamente lo que le gusta de él. De repente, ella está borrando la pizarra del matrimonio. Todos esos puntos de proveedor que te ganaste a través de los años significan exactamente cero cuando llega alguien que presiona esos descuidados botones de "es hora de tener sexo".

Los hombres que son abandonados por sus esposas empiezan a listar todas las cosas maravillosas que hicieron como proveedores para su esposa y su familia. Está construyendo el caso del por qué la aventura es completamente irracional.

La reacción de la esposa: "Sí… ¿y?"

En este punto de la relación, la esposa tiene real desdén

hacia su esposo. No solo ya no es útil para ella, sino que no le permitió sentirse "tan viva" todos esos años. No fue el hombre perfecto que ella se merecía. Él fue solo un obstáculo en el camino de la felicidad verdadera y vida plena. En su mente, esto es imperdonable.

El esposo está perplejo. Esto no tiene sentido.

Es simple: La programación se puso a cargo.

El Amante gana. Cada vez.

Para ser un buen esposo, quieres ser una buena mezcla entre Amante y Proveedor

Así es como es un "verdadero hombre". De hecho, lo llevaré un paso más adelante y diré que tienes que favorecer más el lado Amante en el matrimonio. Quieres un tipo que sea divertido, coqueto, un poco peligroso, encantador, ambicioso, sexy y fuerte que se podría coger a una chica linda esta semana si quisiera… con una saludable porción de dulce proveedor en la mezcla.

Si eres como la mayoría de hombres con los que hablo, probablemente sabes el rol de proveedor de memoria. Puedes hacer todas esas cosas de papá/esposo genial con los ojos cerrados. Probablemente has escuchado "Eres un tipo tan bueno" más de unas pocas veces en tu vida. Por el equipaje de tu niñez, puede que tengas real vergüenza y disgusto atado a tu lado más Amante, "macho" y "masculino". Puede que tengas una riqueza de destrezas sin explotar y habilidad natural de las que no te has dado cuenta.

Es tiempo de zambullirse en tu lado Amante y subir esa perilla a once. Ha estado estancada en cero por demasiado tiempo.

Te puedes sorprender con los resultados.

Sé su amante - Paso #1: Ve al gimnasio

El amante, más frecuentemente, es un tipo guapo. No siempre, por supuesto, pero usualmente. Opuesto a la creencia popular, el atractivo no es una cosa subjetiva. La gente reconoce "guapo" y "hermoso" cuando lo ven.

Al contrario, también reconocemos feo cuando lo vemos.

La ciencia puede desmenuzar lo que hace a un hombre "atractivo" para las mujeres en todas las culturas, y los rasgos "atractivos" siempre apuntan a dos cosas:

1. Salud - dientes bonitos, piel radiante, energía alta, actitud positiva.
2. Niveles altos de testosterona - buena musculatura, buena postura, confianza, agresión.

Vete bien. Vete saludable. Sé activo. Sé masculino. Eso lo resume. No tan difícil, ¿cierto? Pues, algunas cosas pueden, muy fácilmente, entrometerse en el camino de lograr tus metas de "ser atractivo" como hombre.

La comodidad es la enemiga.

Cuando los hombres entran en una relación monógama a largo plazo, es como un baño caliente e intoxicante después de un duro día de trabajo. Te acomodas, te relajas y te pones cómodo. "Aaaaaah."

No más citas. No más rechazo. No más juegos estúpidos. No más de toda esa mierda molesta de vida de soltero. Ahora puedes vivir una vida "normal".

Pero, por supuesto, hay un precio. Con la comodidad de una relación segura y estable vienen un montón de repercusiones negativas. La primera y más obvia es la caída de tu apariencia física. Para ser directo, una vez que dicen, "Sí, acepto", los hombres tienden a engordarse y estar fuera de forma, y también lo hace la esposa.

Simplemente te dejan de importar todas las cosas "superficiales" y te enfocas en cosas más "importantes", como pagar las cuentas y entrenar al equipo de fútbol de Billy. Los hombres frecuentemente señalarán a sus trabajos ocupados, hijos y los quehaceres domésticos como las razones para descuidar su apariencia y salud.

"Seguro iría al gimnasio, ¿pero quién tiene tiempo para eso?"

La realidad es que es muy FÁCIL saltarse las cosas difíciles que en realidad ya no TIENES que hacer. ¿Leer más libros? ¿Ir al gimnasio? ¿Comer bien? Hábitos difíciles de mantener. Toman tiempo… y tiempo libre es algo que la gente hoy en día tiene muy poco. ¿Verdad?

Pendejadas.

Lo siento, no me convences. Solo estás siendo vago.

Tengo tres hijos y un trabajo a tiempo completo. Mi esposa trabaja a tiempo completo. Viajamos. Me doy modos de ir al gimnasio 5 veces a la semana. Aparte de ir al gimnasio, ahora hago estiramientos y un poco de yoga en casa antes de dormir. No como mierdas. Mi esposa es una ocupada médica que recientemente tuvo, no una, sino DOS, cirugías de espalda. Estuvo totalmente incapacitada por un mes y todavía se está recuperando cinco meses después. Está de regreso al gimnasio. Ella todavía toma el trabajar en su cuerpo como un hábito. No hay duda de que tiene que hacerlo. Ella es doctora, sabe lo rápido que un cuerpo se deteriora si no lo cuidas.

¿Estás demasiado ocupado llevando a los niños a todos lados? ¿Fútbol, baloncesto, boy scouts, etc.? He aquí una idea novedosa: Deja de tratar de impresionar a todos con la cantidad de clubes y deportes que tus hijos hacen. Está bien si no hacen cada actividad bajo el sol. Sí, pueden estar en casa aprendiendo cómo entretenerse. Pueden jugar con los niños del barrio (idea novedosa). Si tienen que asistir a esa malditamente importante clase de esgrima bajo el agua, arregla para que se vayan con amigos. Está bien que no vayas a cada pequeño evento.

Cuídate por una vez. No hay nada malo en tratar de ser un hombre mejor y más saludable.

Seamos honestos. Estar en forma no es difícil. No estamos hablando de construir una nueva extensión de la casa.

Estamos hablando de hacer ejercicio y comer bien.

Me encantaría comer pizza, beber bourbon y ver el fútbol todo el día… pero no puedo. Tengo tres hijos que alimentar. Cuentas por pagar. Un cuerpo que mantener. Mi ejercicio está ahí arriba junto a cepillarme los dientes y ducharme. Es simplemente algo que hago. Es un hábito.

Los malos hábitos estorban a los buenos. Elimínalos. Hoy. Tú sabes cuales son.

Ver programas de televisión estúpidos, porno, comer en exceso… Todos sabemos que no son buenos para nosotros. Sé honesto contigo mismo. Sé un puto hombre y sácalos de tu vida.

Ejercitarse no consume tanto tiempo. Es una hora al día. Una pequeña y estúpida hora.

Esa una hora puede convertirte en un hombre MUCHO más saludable y energético. Añadirás BUENOS años a tu vida. Si esa no es una razón suficiente… Te VERÁS mucho mejor y consiguientemente:

1. Tu esposa se sentirá más atraída por ti.
2. Otras mujeres estarán más atraídas por ti.
3. Tu esposa verá que otras mujeres están más atraídas por ti y ella se sentirá aún MÁS atraída por ti (no te rías… es verdad).
4. Estarás menos estresado. Tendrás más energía positiva. Esto resultará en menos lloriqueos a tu esposa.

5. Los hombres te respetarán más.
6. Tu esposa verá que los hombres te respetan más y se sentirá INCLUSO MÁS atraída por ti.

Tus oportunidades de tener sexo con tu esposa subirán exponencialmente. En serio.

"No conoces a mi esposa, amigo. Tener el abdomen marcado no cambiará nada."

¿En serio? ¿Lo has intentado? No lo creo.

"¡Pero no debería TENER que ir al gimnasio! ¡Ella debería desearme por ser YO!"

Para algunos hombres, solo pensar en ponerse en forma para impresionar a su esposa es insultante. ELLA no se ve genial, después de todo y ÉL aún la desea a ELLA. ¿Por qué ella no puede aguantarse y hacer lo mismo? Si te encuentras diciendo esto, tienes serios problemas en los que necesitas trabajar. Tienes problemas sobre tu percepción de la realidad. Estás, de nuevo, siendo el niñito malcriado que no tiene lo que quiere. Deja de pensar sobre cómo las cosas DEBERÍAN ser. De hecho, elimina completamente el concepto de DEBERÍA de tu vocabulario. En serio. No ha hecho más que amplificar tu mentalidad de víctima y te hace poco atractivo para todos los que te rodean.

Oye, lo siento si alguien te vendió la romántica noción de que tu esposa se excitaría por QUIEN eres y no por QUE eres, pero no es la verdad completa. Sí, tu esposa te ama por ser TÚ, pero como diré y diré en este libro, hasta el cansancio… tu buen corazón e historial de padre magnífico no presiona sus botones de "deber tener sexo".

Lo que ayuda a presionar sus botones son un estómago plano, pectorales fuertes, un buen trasero y brazos poderosos.

"Pero mi esposa dice que no le gustan los músculos. Le gustan los chicos dulces y nerds."

Vamos a continuar volviendo al concepto de "Mi esposa dice…" en este libro.

No escuches lo que ella dice. En lugar, mira sus acciones.

Lo que sale de su boca es lo que ella piensa que tú y la sociedad quieren que ella diga. En su mente, decir que le gustan los músculos va a lastimarte (porque… pues… mírate) y la hará que parezca algún tipo de simplona básica y superficial.

"Espera… ¿te gustan los músculos en un chico? ¿Qué clase de perra tonta eres?"

Si ella dice que le gustan los chicos nerds, dulces y buenos, entonces la sociedad la aplaudirá.

"¡Oh, tienes un sentido más profundo y desarrollado de lo que es verdaderamente atractivo en un hombre! ¡Buen trabajo, chica lista!"

Confía en mí, a las mujeres les gusta la masculinidad, confianza y poder. Piensa en Cincuenta Sombras de Grey. Piensa en todas las portadas de todas las novelas románticas escritas alguna vez.

¿Qué dice masculinidad, confianza y poder más abiertamente que un físico fuerte y musculoso? Desde que me puse más musculoso, puedo decirte que estar en forma presiona instantáneamente los botones de muchas mujeres, sin importar su edad u origen. Los músculos les dan a las señoritas unas excusa para actuar un poco más abiertas y sexuales de lo que normalmente actuarían. Se sienten más seguras de hacerlo. Su preocupación de lo que su círculo social piense sale por la ventana. Es como si todas las mujeres intrínsecamente entendieran la situación. Es como si todas se hubiesen pasado un memo que dice, "Contrólate y controla tu sexualidad. No actúes como perra. Eso no es bueno. A menos, por supuesto, que estés en presencia de un bombón de hombre. Entonces actúa como una total tarada."

¿Alguna vez has visto videos de un grupo de mujeres en una despedida de soltera con un stripper? Es una locura. Una vez que las mujeres en la fiesta se dan cuenta de que está bien actuar abiertamente sexual… se acabaron las apuestas. Puede ser un total libertinaje. Irónicamente, es lo completamente opuesto en un club de streeptease donde los hombres se sientan como estatuas y beben mientras miran a la chica desnuda. Los hombres no quieren ser vistos como algún tipo de pervertido y que lo saquen del lugar.

Las mujeres en la despedida de soltera, por otro lado: "¡Sí! ¡Puedo ser una pervertida! ¡Esto es divertido!"

Oh, el maravilloso y confuso animal que es el ser humano.

Por miles de razones, las mujeres enfrascarán su sexualidad. Pueden ser un volcán sexual listo a chorrearse (doble sentido intencional). Solo necesitan una buena razón para hacerlo y la comodidad de saber que no serán juzgadas por eso.

¿Alguna vez una compañera de trabajo se te ha acercado y agarrado el brazo y dicho "¡Bien, Hércules!" o alguna señorita te ha dicho, "Alguien se ejercita" mientras toca tu pecho? ¿Y alguna mujer te ha levantado la camiseta para verte el trasero?

Ella no está diciendo, "Dejaría este cuarto y te comería ahora mismo", necesariamente, pero sí está diciendo, "Felicitaciones. Presionaste un botón. Me hiciste hacer algo un poco tonto y arriesgado. Gracias por eso, Sr. Músculos. Fue divertido."

Todo lo mencionado arriba me pasó a mí cuando perdí grasa corporal y gané músculo.

"Pero, amigo… mi esposa ODIA a los tipos atléticos y musculosos. Ella dice que todos se ven muy estúpidos."

No escuches a la mujer que te sigue negando el sexo. Eso es como preguntarle a un venado cuál es la mejor manera de acecharlo y matarlo.

"Oh, no… ¡sigue haciendo lo que estás haciendo! Usa la resortera y la piedrita. Esa es por mucho la mejor manera de noquearme. Ahora, si me disculpas, voy a correr en zigzag muy rápido para que no puedas golpearme. ¡Buena suerte!"

En su lugar, pregúntale al cazador exitoso con 50 cabezas de venado en su pared.

"Consigue una escopeta calibre 12 y dispara de cerca."

Encuentra a un tipo que tiene mucho sexo de su atractiva mujer (o múltiples mujeres) y escucha su consejo. Te ahorraré tiempo. ¿Sabes lo que dicen primero? "Ve al gimnasio." Saben que el juego de apareamiento es superficial y estúpido. Ellos saben cómo cambió su vida cuando finalmente pudieron llenar una camiseta (en una buena forma).

Los tipos del gimnasio tienen muchas más chicas que tú. Confía en mí.

Reconozco que hay un poco de presión entre tus compañeros para ser un gordo vago como ellos. Lo veo todos los días. Estoy en mis 40s y soy uno de los más viejos en el gimnasio. Es simplemente triste. ¡No soy un adulto mayor!

La mayoría de hombres de mi edad toman al golf como su principal forma de ejercicio. Muchos de ellos se ven como pelotas de golf. Redondos, blancos y cubiertos de granos.

Recuerdo cuando les pregunté a otros papás si querían que nos reunamos a jugar baloncesto en el gimnasio abierto del pueblo. NOP. No hay tiempo. Tienen cosas de niños que hacer. El trabajo es muy ocupado. Bla bla bla.

Mientras tanto, están jugando fútbol de fantasía, golf, viendo deportes en la TV, comiendo y, por supuesto, quejándose de sus penosas vidas sexuales.

Triste.

Prefieren tragar comida chatarra mientras ven a otros hombres hacer cosas atléticas. Lo que no ven es a sus esposas sentadas detrás de ellos deseando a esos jugadores de fútbol en la TV. Ella piensa que se ven muy bien con sus uniformes.

Terminé yendo solo al gimnasio abierto ese día. Estaba yo y 7 otros tipos ahí. Diría que la edad promedio era 19. Me dolió el cuerpo por una semana después de jugar solo 4 partidos de baloncesto. Fue genial.

Haz cosas que te separen de la multitud.

Recuerda, la meta es que ella pueda apuntar desde el otro lado de la habitación y orgullosamente decir, "Ese es mi hombre."

Tu "cuerpo de papá" no es suficiente. Se llama "cuerpo de

papá" por una razón. Todos los papás lo tienen. Es aburrido. Es típico. Te ves como una salamandra. Eres un cliché. Una broma entre las mujeres.

Tu cuerpo de papá grita comodidad. Grita, "No voy a ningún lado". No porque seas fiel y confiable, sino porque NO PUEDES ir a ningún lado. Ninguna otra mujer te desea. Eso es precisamente porque las mujeres DICEN que les gustan los cuerpos de papás. Les da una sensación de comodidad y las hace sentir mejor con sus propios cuerpos vagos y envejecidos. Sí, muchas mujeres afirman que absolutamente AMAN el cuerpo de papá. Cuando les preguntan qué hace al cuerpo de papá tan atractivo, frecuentemente dicen, "No puedo estar con un hombre que se vea mejor que yo. Eso está mal." Traducción: "Si mi hombre está buenísimo, me preocuparía constantemente de otras mujeres babeando por él. Tengo que estar segura de que no voy a perder a mi pareja."

El cuerpo de papá puede que las haga sentir más cómodas acerca de sí mismas, pero no las hace desearte sexualmente. Hay una gran diferencia entre los dos estados mentales.

Recuerda: Si ninguna otra mujer te desea, tu esposa probablemente tampoco lo haga.

Después de que te pongas en forma, otros hombres notarán inmediatamente que eres diferente a la manada (atractivo). Puede que traten de evitarte. Cuando hablas con ellos, serán más sumisos. Cuando sus esposas estén ahí, serán más agresivos y protectores. Escucharás a los hombres decir cosas para hacerte ver más débil e inferior frente a sus esposas. Sus esposas no son estúpidas. Se darán cuenta de esto de inmediato. Las estúpidas tácticas de protección del hombre les explotan en la cara. Terminarán haciéndote ver más atractivo.

Quieres ser el tipo de hombre con quien otros hombres se sienten nerviosos de dejar a sus esposas a solas.

Descubrirás que tu nueva musculatura hará que tu esposa se ponga nerviosa y preocupada. Notarás más celos aquí y allá. Incluso podría enojarse por tu nuevo pasatiempo fitness. Podría tener una rabieta acerca de eso. Las cosas están cambiando y no le gusta. No está en paz.

ESTO ES BUENO. NO LO LUCHES. MANTÉN EL CURSO.

Bienvenido a ser un tipo atractivo. Viene con drama.

Muchos hombres cometen un error en este punto. Se asustan cuando sus esposas se estresan y enojan con sus cambios positivos. Entonces explican todo. Les dicen a sus esposas como querían dar un giro a su vida sexual así que empezaron a ir al gimnasio.

"No, no, mami. ¡Por favor no te enojes! ¡Solo estaba tratando de hacer cosas para TI!"

MAL MAL MAL.

Tu nuevo nivel musculatura y seguridad NO es sólo para ella y su vida sexual, sino para TI. Si le das una pequeña pista de que esto es para ELLA y que solo estás tratando de mejorar tu vida sexual, pasarás de ser sexy a embarazoso en un nanosegundo.

Todavía eres el chico bueno pero raro haciendo cosas por afecto.

Tu superación personal es para TI. Las consecuencias de tu superación PUEDEN ser más sexo con tu esposa, pero el sexo nunca debería ser la intención encubierta. Suena estúpido… pero tu esposa quiere a un natural, no a un tipo que prueba diferentes cosas para ganar su amor y afecto otra vez.

¿Cuál es la diferencia entre tú y un natural? Ninguna. No hay un natural. Todos aprenden. Si eres un natural o no es cuestión de percepción. Si haces algo con poco esfuerzo y sin motivos ocultos o buscando atención, eres un "natural".

Tú solo sigue cuidándote, viéndote mejor y volviéndote más saludable. Sin explicaciones. Sin racionalizaciones. Sin buscar aprobación. Haz que sea una parte natural y normal de tu vida.

Ir al gimnasio, levantar pesas, ganar músculo y perder grasa es el primer paso hacia cambiar las cosas. Es el primer y probablemente el paso de mayor impacto. Para algunos hombres, pueden parar ahí y la situación en la habitación mejora tremendamente.

Solo mira. Tu trabajo duro inspirará a tu esposa a llevar SU trasero de vuelta al gimnasio también. Es chistoso como eso funciona.

Las parejas que son desiguales en niveles de atracción son raras. A menos, por supuesto, que estemos hablando del super proveedor y la esposa trofeo. Todos sabemos de esa pareja y como termina.

Piénsalo. ¿Cuántas veces has visto a un tipo super guapo con una esposa de casa y con sobrepeso? Exacto.

Tu esposa sabe que no es una dinámica sostenible en la relación. Mírala mientras ella, instintivamente, aumenta su propio nivel de fitness y empieza a mostrar sus logros.

"Pienso que mi barriga se ve un poco más pequeña. ¿No lo crees?"

Ella sabe que debe competir con muchas más mujeres ahora.

Esto es algo muy bueno. No te atrevas a ir y tratar de parar esta reacción instintiva. Lo creas o no, tu esposa está disfrutando este nuevo cambio. Ella disfruta de tener que jugar a alcanzar a su esposo que parece determinado a ponerse en una forma magnífica. De hecho le GUSTA esta pequeña ansiedad y presión que está experimentando. Ha pasado mucho tiempo desde que te admiró de esta forma.

Disfrútalo.

Sé su amante - Paso #2: Vete

El Amante es escaso. Tienes otras cosas que hacer. ¿Qué cosas? Pues, eso no es muy claro. Puede estar trabajando duro, con algún pasatiempo o saliendo con amigos… o posiblemente viendo a otras mujeres.

No siempre está disponible para una plática rápida. No siempre divulga su paradero o planes. Tiene una cita con su chica planeada para el sábado y la verá entonces. Puede que ella no sepa nada de él hasta entonces.

Esto vuelve a su mujer loca. Esto es bueno.

Parte de la naturaleza succionadora de líbido de una relación monógama de largo plazo está atado a la familiaridad y a la comodidad. Puedes llamarlo "fatiga de relación".

"Oh… tú otra vez. Genial."

Siempre estás ahí. Se puede contar contigo. Ella solo tiene que decir "¡¿Cariño?!" y estarás a su lado en un nanosegundo.

Esto podría sonar como un verdadero "compañero de vida" se supone debe ser pero esto mata absolutamente el deseo sexual femenino.

(Refranes en Estados Unidos)

"La familiaridad genera desprecio."

"La ausencia hace crecer el cariño."

¿Has escuchado esto antes? Por supuesto que lo has hecho.

La progresión natural de una típica relación monógama de largo plazo incluye la inicial fase de luna de miel, luego la incomodidad divertida de conocer sobre las peculiaridades de cada uno, defectos y vicios y luego el estrés y aburrimiento mientras te concentras en mantener la máquina del hogar/paternidad funcionando.

Mientras la cronología de la relación progresa, el tiempo que pasan juntos aumenta. No es coincidencia que la frecuencia del sexo también disminuya en esta etapa.

Sencillamente, necesitas alejarte de tu esposa frecuentemente. Necesitas tiempo para TI.
Ponte activo. Cuando estás en el sofá día tras día, la programación interna cavernícola de tu esposa dice, "¿No se supone que deberías estar afuera persiguiendo tigres dientes de sable y consiguiéndonos comida o algo?" Sé enérgico. Toma a la vida por los cuernos. No permitas que la vida te tumbe y agote tan fácilmente.

Sal afuera y hazle frente al mundo.

Confía en mí, como padre de tres que trabaja a tiempo completo, entiendo totalmente el deseo de solo decir "A la mierda" y relajarse en casa. Está perfectamente bien tomar un tiempo libre regularmente para recalibrarte, pero no está bien hacer esto día tras día.

Aléjate de tu esposa. Ve a hacer cosas para TI.

Sí, estar lejos de ella puede aumentar su ansiedad y causar preocupación. Pero está bien. El inicio de tu vida amorosa, la "etapa de la luna de miel", estaba cargada de esa ansiedad.

¿Le gusto?

¿No le gusto?

¿Ya se cansó de mi?

¿Estoy muy gorda?

¿Él me respeta?

Oh Dios, ¿En serio dije eso?

¿Este vestido se ve muy provocativo?

¿Piensa que soy estúpida?

¿Está saliendo con otras chicas?

¿Esa chica acaba de quedarse viéndole? ¿Él también se quedó mirándola? ¿La conoce?

Suena agotador y tortuoso (bienvenido al mundo de la

mente femenina), pero he aquí lo interesante: Esa ansiedad es un ingrediente crucial para lo que encendió esa líbido en las etapas tempranas de la relación en primer lugar.

Suena contradictorio, pero estos sentimientos que ella tenía no eran necesariamente algo malo. Significa que le importaba y estaba comprometida en crecer la relación. ESTABA EXCITADA. Estaba en las etapas iniciales de estar "enamorada".
Lo opuesto a estar enamorada no es odio, es indiferencia.

Cuando se ven día tras día esa ansiedad desaparece. El drama desaparece. Ella se vuelve indiferente. Está aburrida.

NUNCA DE LOS NUNCAS DEJES QUE TU ESPOSA SE ABURRA.

Nada bueno viene de una esposa aburrida. Nunca. Ella buscará entusiasmo en otro lugar.

Drama. Ansiedad. Sentimientos. Emoción. Estas son las bases de la líbido femenina. Combina tus nuevos niveles de fitness con escasez… y oh Dios. Atento. Ciudad Drama, USA. Abraza el drama y la ansiedad. No les huyas. El drama es tu amigo. Significa que estás haciendo algo bien.

Está bien que ella esté un poco ansiosa. Deja de tratar de aliviar su estrés todo el tiempo, especialmente cuando ese estrés es indicativo de una relación masculina-femenina normal y saludable.

Deja de tener miedo de su negatividad. Ya para con la actitud de "Ok ok ok… haré lo que quieras pero deja de actuar como una bruja" que has tenido todos estos años. Tu esposa quiere un hombre que pueda tomar su drama y quitarlo con risas. ¿Recuerdas el mito de "esposa feliz = vida feliz"? Deja de caminar pisando huevos a su alrededor. Deja que esté ansiosa y molesta.

RECUERDA ESTO: NO ESTÁS HACIENDO NADA MALO.

Simplemente estás saliendo de la casa y cuidándote. Estás tratando de mejorar como hombre. Bravo.

¿Tienes algún amigo del tipo "Don Juan" que sale con muchas mujeres? Pregúntales sobre el drama femenino. Siéntate asombrado mientras él comparte historia loca tras historia loca.

El Don Juan tiene sexo frecuentemente. Con el sexo viene el drama. Con el drama viene el sexo. Él está muy al tanto de esa dinámica. No le importa. Tiene un harén de siete diferentes chicas que puede llamar para divertirse. Cuando Sally se pone un poco loca, la ignora y llama a Debra en su lugar. Todas las mujeres saben de las otras. Esto causa más drama… y consecuentemente más sexo para él.

Suena agotador, ¿no es así? Por suerte, sólo tienes una reina del drama que enfrentar. Necesitas tiempo para ti, incluso si/cuando resulta en ansiedad y drama de tu esposa. Alejarse de ella no es sólo, evidentemente, una treta manipuladora para lograr que el motor de ansiedad/líbido de tu esposa se encienda (más sobre manipulación después), pero también es mentalmente saludable para ti. Necesitas descubrir más sobre ti otra vez.

RECUERDA: Cosas que te hacen un mejor hombre = Cosas que ponen a tu esposa cachonda.

No puedes convertirte en un mejor tipo si estás constantemente al lado de tu esposa. Ella no tiene todas las herramientas para hacerte un hombre más completo. Sí, ella es tu pareja y madre de tus hijos, pero también es una chica. Las chicas y chicos no se llevan bien después de estar juntos por largos periodos de tiempo, por si no te has dado cuenta.

No, esconderte en tu "guarida" no cuenta. Esa es solo tu pequeña área designada de la casa. Sigues en casa y sigues con ella. Necesitas salir y hacer tus cosas. Aléjate de ella.

Confía en mí, ella no te necesita cerca todo el tiempo. Es una chica grande y puede hacerse cargo de las cosas por un rato.

Los hombres deberían acoger la idea de salir solos. Debería ser un alivio. Deberías tener muchas ganas de eso. Mi papá solía ir a la ferretería por cuatro horas seguidas cada vez. No estaba comprando nada (porque ¡¿quién realmente necesita estar en la ferretería por CUATRO HORAS?!) Estaba tomando café, comiendo palomitas y hablando de la vida con los chicos mientras miraba herramientas y planeaba su próximo proyecto en casa. Necesitaba ese tiempo afuera

para recalibrar después de estar cerca de un hijo y esposa por tantas horas al día.
Este es un comportamiento normal y saludable para un hombre.

NOTA: En el momento de escribir esto, estamos soportando una pandemia global. Esto ha resultado en muchos correos de lectores preguntando, "¡¿Cómo demonios puedo ALEJARME ahora?!" Idealmente, sí, quieres marcharte físicamente de la casa. En vista de la situación actual, la única opción viable es escapar mentalmente. Ir a una habitación solo y decirle a todos, "Dejen a papá solo por un par de horas", está perfectamente bien. Puedes usar ese tiempo para leer, escuchar audiolibros, podcasts, meditar, planear tu siguiente emprendimiento, trabajar en un pasatiempo… cualquier cosa que te saque mentalmente del modo "papá y esposo" y mejorarte como hombre.

Empecé una nueva área solo para miembros de mi sitio web llamada "DSO Fraternity" que podría ayudarte. Hay artículos solo para miembros, audios, acceso a todos mis libros, acceso a grupos privados de Facebook y reuniones en vivo por Zoom donde los hombres se juntan y hablan de sus problemas. Conectar con otros hombres con el objetivo de superarse personalmente es una excelente forma de supercargar tus esfuerzos. Alcanzarás tus metas finales MUCHO más rápido al aprender de otros que han estado en tus zapatos y lo han logrado. Puedes probarlo por $14,99 al mes. Cancela en cualquier momento. Una porción de tu membresía también va a la Movember Foundation - una excelente fundación para hombres. Revisa la información en dadstartingover.com/join.

Necesitas una misión

Para cada hombre, yo recomiendo que consigan una "Misión" en la vida. Necesitas ponerte una meta o una serie de metas. Necesitas un propósito en la vida fuera de tu familia. Necesitas crear una serie de pasos para llegar a esa meta. Haces esos pasos poco a poco. En el camino de llegar a tu meta, obtienes pequeñas "victorias rápidas" que le dan a tu cerebro y cuerpo el empuje que necesita para continuar. Después de mucho trabajo duro y determinación, llegas a tu meta final, solo para descubrir que otra meta aparece inmediatamente en la distancia.

Esto es a lo que se le llama un "hombre en una misión".

No puedo enfatizar lo suficiente lo importante que es esto. No puedo enfatizar lo suficiente cómo esto DEBE ser algo que que está orientado hacia TI y tus intereses y cae fuera del territorio de la familia. En otras palabras, "Voy a entrenar al equipo de baseball de mi hijo para el campeonato" no es una misión. "voy a ahorrar dinero para llevar a mi familia a Hawaii" no es una misión.

Estos son ejemplos de misiones:

"Siempre he querido dedicarme más al arte y escultura. Voy a tomar clases en una escuela de arte cercana. Voy a buscar un mentor y aprender. Voy a asistir a mi primera exposición de arte. Voy a vender mi primera pieza. Voy a estar en la galería de arte grande de mi ciudad. Eventualmente, gente de todo el mundo comprará mis esculturas en mi sitio web."

"Voy a empezar una caridad para los veteranos sin hogar de

mi ciudad. Voy a contactarme con otras caridades de veteranos sin hogar en otras ciudades para ver qué es lo que están haciendo para combatir el problema. Voy a aprender todo lo que pueda sobre salud mental. Voy a hablar con veteranos en apuros para tener una idea de cómo es la vida para ellos. Voy a escribir un plan. Voy a aprender sobre la recaudación de fondos. Voy a abrir un refugio para veteranos en mi ciudad… tal vez en otras ciudades también."

"Voy a ponerme en la mejor forma de mi vida y empezar un sitio web describiendo mi viaje. Voy a aprender todo lo que pueda sobre dieta y ejercicio y compartir mis resultados en el camino. Voy a entrevistar a expertos en el campo como doctores y entrenadores. Voy a empezar un podcast sobre mi viaje. Eventualmente voy a tener a empresas queriendo auspiciar mi sitio y podcast. Voy a hacer de esto una legítima segunda fuente de ingresos. Voy a verme como un modelo masculino de fitness y ser una inspiración para otros millones de tipos normales que quieren hacer lo mismo."

Cuando los hombres tienen una misión muy real en la vida, el acto de "alejarse" y hacer lo que puedan para superarse como hombres… eso como que se arregla solo. Te encontrarás compartiendo y aprendiendo de un creciente grupo de nuevas personas a las que llamas amigos. Verás que no estás tan enganchado en las emociones diarias de tu esposa y por lo tanto no pasas tan necesitado en la casa. Encontrarás, por primera vez, que es tu esposa quien pelea por TU atención y afecto. Esto es normal. Esta es la dinámica en la que una mujer está típicamente más cómoda.

Tu esposa quiere estar en la posición de tener que ganarse la atención y afecto de un hombre en una misión. Quiere decirle a la gente que su hombre está "tan ocupado" haciendo cosas geniales e importantes. Cuando tú y tu esposa se juntan para un tiempo solos, debería ser un evento. Debería ser un divertido y sexy descanso de la vida doméstica que hace tan buen trabajo ahogando a la sexualidad y deseo.

Sal. Haz cosas. Sé un mejor y más completo hombre. Tu esposa y tu vida en general te lo agradecerán.

Sé su amante - Paso #3: Sé único

En toda relación romántica, queremos creer que la persona que elegimos es diferente del resto de la manada. Queremos creer que nuestra pareja posee un nivel de genialidad único de nivel unicornio que no puede ser igualado por nadie más. Queremos creer que son increíblemente escasos y con alta demanda.

Inversamente, quieres hacerle ver a tu pareja que, sí, ellos tomaron la decisión correcta al elegirte también. Tú también eres un hallazgo raro en una gigante población de perdedores.

"No soy como otras mujeres." Toda mujer en una relación ha dicho esto alguna vez. Todas y cada una. Ellas saben cuán importante es apartarse de la manada para alcanzar el máximo nivel de atractivo. Saben lo maniáticas que son muchas mujeres y lo poco atractivo que es eso.

"No soy como otras mujeres… me gusta más pasar tiempo con hombres" es otra afirmación común que dan las mujeres. Sienten que les da ventaja sobre la competencia. Las hace más confiables. De hecho hace lo opuesto (una mujer que pasa tiempo mayormente con hombres es una bandera roja en una relación).

NOTA: Muchos hombres me enviaron correos después de leer la declaración de arriba, pidiéndome que hable más de esto (aparentemente muchos hombres han escuchado la línea "me gusta más pasar tiempo con los hombres" de sus esposas). Como todas las banderas rojas, esto no necesariamente significa "PELIGRO - TU ESPOSA TE ESTÁ ENGAÑANDO". Sólo significa que es algo de lo que hay que estar pendientes y mirar cuidadosamente. Para citar a mi tercer libro "BANDERAS ROJAS" (Red Flags en inglés):

"Sólo me gusta más pasar tiempo con hombres. Hay mucho menos drama."

Todos hemos escuchado esto una o dos veces en la vida. En términos generales, esto significa, "La atención que recibo del sexo opuesto me hace sentir especial. El hecho de que pueda manipular y dominar una relación por mi sexualidad es algo muy bueno para mí. Este tipo de relaciones siempre funcionan a mi favor. Las relaciones estrictamente platónicas, donde no hay sexualidad implícita o intercambio de favores, no son de utilidad para mí. Me siento inadecuada cuando estoy en una relación con iguales."

Pregúntale a una mujer sobre el hombre del que está enamorada e inmediatamente hablará de lo que lo diferencia del resto. Podría mencionar su trabajo y que es un tipo muy dulce… pero no sin antes decir exactamente POR QUÉ le dedica tanto tiempo.

"Es muy lindo. Le gusta el arte. Hace sus propias esculturas de vidrio y madera. También toca en una banda algunos fines de semana."

Necesitas destacarte del resto de la manada. No te mezcles. No sigas el guión estándar que tantos otros padres siguen.

No seas el tipo de hombre llorón, aburrido, cuerpo de papá, sin estilo, que lleva a los niños al fútbol, que saca la basura, que va a la cama, que va al trabajo. Si solo te relajas, ves e imitas lo que todos los demás hacen, terminarás obteniendo lo que todos los demás obtienen: una relación aburrida y asexual.

Sé interesante. Sé diferente.

La singularidad es un ingrediente importante para el delicado suflé de su deseo sexual. Ella tiene ganas de diferente. Tiene ganas de especial. Tiene ganas de único.

Lo viejo conocido es ABURRIDO. Recuerda: ¡No dejes que tu esposa se aburra!

Veamos esto desde un ángulo más científico:

Para una mujer, el dedicarse a TI y solo a TI es algo enorme. No lo toma a la ligera. Idealmente, ella quiere elegir a un MUY BUEN hombre para quedarse con él por mucho tiempo. Porque… ¿Si se queda embarazada? Entonces está estancada con este tipo y su descendencia por AÑOS. A este hombre que ella ha elegido, más le vale ser saludable, inteligente, fuerte… un buen tipo en todo sentido. No solo tiene que pasar sus grandiosos genes masculinos saludables al bebé sino también tiene que quedarse y ayudar a cuidar de ella y el bebé.

Recuerda: Amante + Proveedor = Hombre ideal.

Si él no es ese tipo de hombre, ella ha cometido un tremendo error que cambiará su vida. Desafortunadamente, la mayoría de hombres NO son ese tipo de hombre. Para nada. Pregúntale a cualquier mujer que ha estado soltera por un tiempo. Es aterrador lo mala que es la piscina de candidatos que ella tiene.

Por lo tanto, el tipo de hombre que quieren es "diferente" a los demás candidatos penosos que hay afuera.

Cuando su cerebro siente, "Él es diferente y digno de mi atención", ese es un paso crucial hacia encender su motor sexual.

"No sé por qué, pero me gustas."

¿Por qué crees que la flacuchenta, andrógina estrella de rock hace que les tiemblen las rodillas? Él está, literalmente, ARRIBA DEL PEDESTAL en el escenario, lejos de la plebe. Luces brillan en él. Es la persona más importante en el edificio en ese momento. Es seguro. Se ve como todo un bicho raro, pero no le importa. Todos lo pueden ver. Todos lo pueden escuchar. Puede hacer lo que sea y los ojos de la multitud lo seguirán.
Las mujeres lo miran con asombro, ponen las manos en sus caras y gritan. Todo es simplemente demasiado para asimilarlo. La estrella de rock es lo más diferente, único, interesante y destaca de la manada, que puedes tener.

No tiene que ver con su dinero tampoco. Pregúntale a cualquier tipo que empezó una banda en su garage y comenzó a hacer conciertos por $500 en el fin de semana. Casi nunca regresó a casa sin una chica en sus brazos.

Él: "Toco la guitarra con la banda."

Ella: "Oh, ¿en serioooooo? ¡Eso es genial!" (jugueteando con su pelo)

Para ilustrar más a fondo la importancia de ser único, ¿estás familiarizado con el mundo de los Artistas en Seducción (Pickup Artist)? Es una subcultura jocosa y extremadamente interesante de hombres socialmente torpes que descubrieron que su tasa de éxito al ligar con mujeres puede aumentar dramáticamente al hacer y decir cosas muy específicas en el tiempo justo.

Son, básicamente, algunos ñoños que estudiaron a las mujeres como ratas de laboratorio y vieron cómo se comportan en ciertas condiciones. Ven cuáles acciones crean interés y cuáles no. Ven cuáles acciones resultan en obtener el número de teléfono de una chica y cuáles acciones resultan en ser ignorados o que les lancen un trago en la cara.

Obviamente, el artista en seducción no es muy popular entre las mujeres o en la sociedad en general. A nadie le gusta ser tratado como una rata de laboratorio. A nadie le gusta un fraude que aprendió a fingir ser encantador. A todos nos gustan los "naturales".

Con eso dicho, mucho de lo que los artistas en seducción

enseñan de hecho funciona. A veces es forzado, artificioso e inquietante, pero si hacen todo bien, consiguen su meta: tienen sexo, mucho más que antes. Sin tomar en cuenta la moral, eso es una ganancia en su libro.

Un concepto importante que los artistas en seducción fomentan es el "pavonearse" (peacocking). Imagina a un pavo real macho abanicando sus plumas abiertas y desfilando alrededor de una hembra. Él está diciendo, "¿Este plumaje abundante y colorido me aparta del resto? Tengo BUENOS genes, amiga. Hago bebés muy saludables."

Pavonearse es igual en humanos. Debes, visualmente, apartarte de los demás. Podrías ser un musculoso Adonis con mandíbula esculpida y pectorales sobresaliendo de la camisa… o podrías usar algo extravagante y ridículo que hace que las mujeres se detengan y digan "¿Qué demonios? Podría ser un abrigo con estampado de leopardo, un sombrero de plumas gigante, uñas pintadas… lo que sea. Es totalmente ridículo pero todo ese pavoneo tiene un propósito. Dice:
"Soy único. Además, realmente no me importa un comino lo que otros piensen de mí. Eso me hace doblemente único." No recomiendo caminar con una tapa del baño en la cabeza y un radiante set de aretes rosados en los pezones mientras estás en casa con tu esposa… pero el concepto subyacente es válido. Destácate de alguna forma. Que no te importe lo que otros piensen. No seas necesitado. No seas ansioso. Sé único.

Haz algo que le haga decir, "Síp… elegí uno bueno. Es

diferente a todos ustedes imbéciles."
Algunas ideas:

1. Toma clases de baile.
2. Empieza con algo de arte como pintura, escultura o fotografía.
3. Aprende un arte marcial, como Jiu Jitsu.
4. Entrena al equipo deportivo de tu hijo.
5. Empieza una caridad.
6. Escribe un libro.
7. Toca un instrumento.
8. Toma una clase de actuación.

En este punto del libro, lo que debería hacer click en tu cerebro es que todo esto no es un "truco". No es "manipulación". Es trabajo. Se llama, "Ser un mejor hombre". Como digo en mi libro "NOW WHAT? (Y ahora qué), se llama ser un Hombre Mentalmente Saludable No Necesitado (MHNNM por sus siglas en inglés).

Recuerda: Las cosas que te hacen un mejor hombre, son cosas que ponen a tu mujer cachonda por ti.

Sé su amante - Paso #4: Debes Liderar y Marcar la Pauta de la Relación

Un tipo me escribe y se queja de la falta de sexo con su esposa. Me da la típica lista de rasgos de proveedor como prueba de su valía: Trabaja duro, es un gran papá, le compra cosas a su esposa, se ha mantenido fiel (aunque ha tenido oportunidades fáciles de engañar a su esposa en el pasado. todos los hombres me dicen esto por alguna razón). No coquetea con otras mujeres, ayuda mucho en la casa y con los niños, etc.

Yo: "Está bien… pero ¿qué haces que sea SEXY?"

Él: "¿A qué te refieres?"

Yo: "Ya sabes… ¿Cómo preparas el ambiente? ¿Cómo le dejas saber que la amas, la encuentras atractiva y la deseas sexualmente?"

Él: "Se lo digo."

Yo: "¿Qué le dices?

Él: "Que la amo."

Yo: "Pues… les dices a tus hijos que los amas. Eso no es sexy. ¿Cómo pasas de eso a sexy?"

Él: "Le doy masajes y cosas así cuando vamos a la cama a veces. A ella le gusta mucho eso. Luego le pregunto si tiene ganas de tener sexo. Usualmente dice no. No sé qué más hacer. Oh y a veces vamos a cenar solo los dos, cuando mis padres cuidan a los niños. Vamos al cine… cosas así."

Guau!… ¿Cómo puede ella mantener sus manos alejadas de ti, casanova?

Esto es tan típico en los hombres. Hombres pensando como hombres. Piensan que es un proceso de 4 pasos.

1. Acostarse junto a la esposa.
2. Darle un masaje y una señal sexual hostil (como agarrarle el seno).
3. Decirle que la amas.
4. Pedir sexo.

No.

Recuerda… Suflé delicado. Esto no es un fuego artificial que solo enciendes y ves como explota. Es una receta que tiene muchos ingredientes. Hacer este suflé toma TIEMPO. Paciencia.

Depende de ti marcar la pauta sexy en la relación. Si sólo te sientas y esperas a que tu esposa inicie el sexo sin NINGUNA acción de tu parte, serás un tipo muy frustrado. No me refiero a que le envíes un texto diciendo "Culiemos", me refiero a ser mucho más sutil y consistente en un largo periodo de tiempo.

Aquí hay unos ejemplos de pequeñas acciones que puedes hacer en los próximos meses para marcar la pauta apropiada (NOTA: Estas ideas sólo funcionarán si tienes tus partes físicas y mentales alineadas. Haz todos los otros pasos primero):

Cuando camines cerca de tu esposa en casa, dale un pequeño roce y apretón con tu mano. Sólo algo pequeño para decir "Estoy aquí… te veo, chica sexy. Te aprecio." Nada más. Sólo un pequeño apretón en el brazo u hombro. Una mano en la zona lumbar de la espalda. Sin palabras.

¿Acercarse por detrás mientras cocina? Darle un beso en la parte de atrás de su cabeza. Decirle que se ve hermosa. Decirle cuánto la amas. Alejarse. Nada más.

¿Está cargando una canasta de ropa? Tómala de sus manos. "Tranquila amor, yo la tengo." Mientras tomas la canasta, acércala y dale un beso. Dile, "Te ves muy bien hoy." Y déjalo ahí.
¿Se está alistando en la mañana frente al espejo del baño? Agárrale el trasero y di "Mmmm. Eso es lo que me gusta." Aléjate. Nada más.

Estás dando pequeños regalos de amor y afecto Es parte de marcar la pauta. Con esos breves pequeños roces y besos, le estás recordando que es más que sólo una mamá. Es una mujer. Estás creando el ambiente para una conexión genuina. Le estás diciendo que todavía son una PAREJA y no sólo mamá y papá. NO estás haciendo estas cosas porque esperas sexo. De hecho, no te importa si ella te corresponde o no. Podría estar frustrada a veces con tus roces y sin rodeos decir, "¡NO HAY SEXO ESTA NOCHE!" Eso está bien contigo. Solo sonríes y bromeas: "Guau!... pervertida. ¿Quién dijo algo de sexo?" O sonríe, y un simple "ok" y un rápido cambio de tema bastan.

El resultado nunca debería estar en tu mente cuando se trata de estos pequeños signos de conexión. Sus pequeños golpes verbales deberían resbalarte inmediatamente. Esto es muy importante y crucial para marcar la pauta correcta en la relación. No te importa un carajo si tus acciones resultan en sexo o no. Tus sentimientos no se lastiman tan fácil. No dependes emocionalmente de su reacción hacia ti y lo que haces.

Nota: Esos pequeños golpes verbales PUEDEN después convertirse en comportamiento realmente tóxico. El contexto es todo. Si ella está siendo irrespetuosa u ofensiva sin ninguna razón, díselo en ese momento. No esperes.

Tú eres el hombre. La amas- La aprecias. ¿Ella no quiere corresponder tus pequeños momentos positivos en ese momento? Bah, no importa. No estás haciendo estas cosas por la aprobación de mamá. Las haces porque eres una criatura amorosa y sexual. Ella es una mujer. Tú eres un hombre. Eres genial. Estos pequeños regalos de afecto muy breves son recordatorios de eso. Necesitas presentarte con un aura de, "Soy sexy... Te amo... aquí, déjame darte un besito para recordarte lo mucho que significas para mí. Ahora necesito ir a hacer otra cosa. Soy un tipo valioso."

Así como darle regalos o quehaceres, haces pequeñas cosas porque QUIERES hacerlas. Las haces desde una mentalidad de "Realmente no me importa un comino si haces algo a cambio o no". Estás proyectando una imagen de alta valía, seguridad, atractivo sexual y lujuria sin una gota de necesidad o expectativa de recompensa. Es extremadamente importante interiorizar esto.
La Necesidad nunca debería ser la base de tu amor y afecto. Todo lo que la necesidad hace es poner más presión y estrés en tu esposa. El sexo contigo no debería ser un quehacer o requisito como tu esposa sino debería ser una progresión natural de tu, ya sexual y divertida relación.
Con la necesidad lejos, la presión se levanta de los hombros de tu esposa. Ella de pronto tiene un niño menos en la casa. Tiene un hombre. Un hombre de alto valor que aún la desea incluso después de estos meses/años de ser descuidado.

Combina este distanciamiento amoroso con tu nuevo cuerpo de gimnasio, tu independencia y tus cualidades únicas que te separan del resto… y eventualmente ella empezará a sentir ese pequeño tic en su cabeza. Es ahí cuando el cerebro empieza a agitarse con todos esos pensamientos y ansiedad alimentados de estrógeno.

"¿De qué se trataba eso? Eso fue dulce. ¿Por qué él hizo eso? Debí haberlo besado. ¿Todavía espera sexo? Realmente no quiero. ¿Cuándo fue la última vez que tuvimos sexo? Apuesto que sólo está haciendo eso por sexo. Me canso de sus lloriqueos. ¿A dónde va? También hizo eso esta mañana. No me ha pedido sexo en un tiempo. Tal vez encontró a alguien más. No creo. Podría ser… es decir, vi a esa mujer coqueteándole en la oficina. No creo que él se diera cuenta… o tal vez sí se dio cuenta y están teniendo una aventura y él trató de actuar inocentemente. Ha estado yendo al gimnasio más. Se ve mejor que yo. Apuesto a que piensa que estoy repugnante. Tengo un horrible cuerpo de mamá. Debería ir al yoga con Sally. Espera, ¿esa camisa es nueva? ¿Cuándo la compró? Tal vez su amante se la compró. Dios mío… ¿es esta la crisis de los 40? El esposo de Susi la dejó por esa secretaria más joven el año pasado. De ninguna forma mi esposo haría eso. ¿O sí? Eso sería tan vergonzoso para mí y terrible para los niños. Todos pensarán que yo era muy fea para él. Apuesto a que me está engañando. ¿Y si no? ¿Soy una esposa terrible?"

Agotador leerlo, pero, ¿te es familiar? Esto es similar a la ansiedad que sentía al inicio de su relación. Esta es la pequeña y natural punzada de preocupación que tantos hombres tratan de eliminar de inmediato. Pero, tú eres listo. Eres diferente. Sabes que esto es bueno. Esto significa que está empezando a sentir atracción por ti otra vez. Deja que su cerebro haga lo suyo y tú sigue siendo el mejor y más atractivo hombre que puedas ser.

No hay nada que puedas hacer para evitar que su cerebro vaya a un km por minuto. Tampoco lo quieres.

"Pero, ¡ella va a pensar que la estoy engañando!"

¿Y? ¿Y qué? ¿La estás engañando? NO. Simplemente estás siendo un hombre genial que tantas otras mujeres en

sus zapatos MATARÍAN por tener en casa. Por eso está ansiosa. No es porque estés haciendo algo mal. No lo haces. Estás haciendo todo BIEN. Eso pone presión en ella. Esto reintroduce sentimientos que no ha experimentado en bastante tiempo.
Estás progresando.

Repite conmigo: No estás haciendo nada malo.

DEJA DE SENTIRTE TAN AVERGONZADO DE SER UN MEJOR HOMBRE.

Eres un buen tipo haciendo cosas para intentar volver a encender el deseo de tu esposa por ti... para que los dos puedan continuar juntos en un feliz matrimonio. Tal como se prometieron que lo harían en sus votos el día de su boda.

Guau! Qué horrible! Monstruo manipulador. ¿Cómo vives contigo mismo?

Poco después de que su cerebro deja de girar fuera de control ella decidirá consultar con una amiga o dos sobre tu situación. Así es una típica conversación entre amigas:

Esposa: "Estoy preocupada por Esteban. No está actuando bien."

Amiga: "¿Qué pasa?

Esposa: "Creo que está en la crisis de los 40."

Amiga: "¡Oh no! ¿Qué está haciendo?"

Esposa: "Bajó un poco de peso… empezó a ir al gimnasio. Se está vistiendo como joven y sexy. Es muy extraño."

Amiga: "Oh no… Así es como el esposo de Sally actuaba antes de dejarla. ¿Recuerdas?"

Esposa: "Sí, lo sé. Por eso estoy preocupada."

Amiga: "¿Actúa como si te odiara ahora? ¿Te ignora? ¿Empieza peleas por ninguna razón?"

Esposa: "No, es muy dulce últimamente. Amoroso. Me besa todo el tiempo. Me agarra más el trasero y cosas así ahora. Me dice hermosa."

Amiga: "Oh, pues eso es genial. Tal vez se da cuenta del partidazo que eres y sólo está tratando de ser mejor. Suena como el esposo de Sara, José. Es genial con ella. Son, probablemente, la pareja más feliz que conozco. Se acaba de poner implantes de senos la semana pasada. Deberías ver sus fotos. Ambos se ven genial para su edad."

Esposa: "Sí, ¡no me voy a poner implantes próximamente! Tal vez estoy exagerando. Me hace darme cuenta de lo perra que he estado siendo. Él está haciendo todas estas cosas… y no pide nada de mí, nunca. Tampoco hemos tenido sexo en un tiempo. Dejó de presionarme."

Amiga: "¿De verdad? Eso no es bueno. ¿Cuánto tiempo ha

pasado desde la última vez que tuvieron sexo?"

Esposa: "No sé… ¿semanas? Tal vez meses."

Amiga: "Oh, linda… eso no es bueno. Y ¿él no lo pide? Un hombre no puede estar tanto tiempo sin sexo. Va a explotar. Eso es lo que pasó con el esposo de Sally. Tuvieron al bebé y ella ya no quería sexo. Se consiguió una novia casi inmediatamente y pidió el divorcio."

Esposa: "Lo sé. Créeme, lo entiendo. No ayuda que otras mujeres lo regresan a ver todo el tiempo. Es tan despistado que ni siquiera se da cuenta. Se sacó la camiseta y estaba mostrando su nuevo abdomen el otro día cuando lavaba el carro afuera. Creo que a Karen, la vecina, casi le da un paro cardíaco. Hasta su esposo estaba mirando."

Amiga: "¿Esteban tiene abdomen ahora? Guau! No sabía eso. Mi esposo no ha estado en buena forma desde… nunca. ¡Bien por ti, amiga! ¡Tienes un bombón por esposo! ¡De verdad necesitas cuidarlo, entonces! Si no lo haces, créeme… ¡alguien más lo hará!"

Esposa: "Sí, supongo. Probablemente debería llevar mi flácido trasero al gimnasio, entonces. Jaja."
Amiga: "Sí. Guau!… eee, no! Te ves genial. Sabía que Esteban se veía mejor últimamente, pero no sabía que estaba en TAN buena forma."

Esposa: "Está bien, ¡no empieces a babear también! ¡Estamos hablando de mi esposo!"

Amiga: "¡Lo sé! Tienes suerte. ¡Podría no durar! Yo lo estaría disfrutando si fuera tú!"

¿Ves cómo pasó de "Estoy preocupada por su comportamiento extraño" a "Sí, supongo que tengo suerte y debería llevar mi trasero al gimnasio en lugar de lloriquear"? ¿Piensas que esta conversación es inventada o rebuscada? Ni loco. Este es un ejemplo muy realista de lo que podría pasar cuando tu esposa empiece a ponerse ansiosa acerca de tus cambios.

1. La mujer está molesta y preocupada por el nuevo comportamiento de su esposo.

2. No sabe bien cómo procesar esto así que consulta con su grupo de amigas.

3. El grupo de amigas digiere la información y señala que su esposo es atractivo para otras y amoroso. Esto es bueno y ella debería ponerse en forma también.

4. Ella está de acuerdo en ponerse en forma y dejar de quejarse acerca de nada.

Muchos hombres, incluido yo, realmente no entendemos por qué nuestras esposas necesitan consultar con sus amigas todo el tiempo para confirmar lo que es tan obvio para todos los demás. Solía enojarme MUCHO con mi ex esposa por consultar con sus amigas cada pequeña cosa que yo decía o hacía. Por un lado, veía que era una falta de respeto hacia mí (lo era)... y por otro, me hacía sentir menos respeto por ella. ¿Qué tipo de adulto necesita consultar con gente todo el tiempo para formar una opinión sobre cosas que son tan básicas?

Podía ser sobre las cosas más tontas:

Yo: "No, cariño. No quieres botar la grasa del tocino en el fregadero. Puede tapar las tuberías y no es bueno para la alcantarilla. Sólo ponlo en la basura."

Ex esposa: "No, estoy segura de que se puede botar en el fregadero." *sigue botando en el fregadero*

Yo: "No, bótalo en la basura. Por favor."

SIGUIENTE DÍA

Ex esposa: "Hablé con Sally en el trabajo y dice que no debería botar la grasa de tocino en el fregadero."

Yo: "Dios. Estoy alegre de que hayas consultado con Sally, La Reina Canciller de la Grasa de Tocino, solo para asegurarte. O podrías escuchar a tu esposo para variar..."

Debes acostumbrarte al hecho de que mucho de cómo tu esposa se siente y cómo procesa las cosas sobre ti y su relación está grandemente determinado por su grupo de amigas. Si haces algo que enoja a su mejor amiga Sally, debes saber que Sally le dirá a tu esposa lo más pronto posible y no la dejará en paz hasta que ella haga algo al respecto.

Por otro lado, si haces algo que Sally piensa que es maravilloso… tu esposa lo sabrá también. Tener a Sally hablando bien de ti te hará ganar MUCHOS puntos de atracción. Sally está presionando botones por ti. Eso es algo muy bueno.

La lección: Las mujeres son criaturas muy sociales. Quieren tanto dirección como aceptación de su grupo. Quieren seguridad. Tu esposa TOMARÁ el consejo y perspectiva de Sally a fondo y afectará tu matrimonio. Para bien o mal. Simplemente es así.

Lo que quieres hacer es marcar la pauta de la relación para minimizar el impacto de influencias estúpidas y negativas como Sally. Quieres convertirte en alguien innegablemente bueno. Quieres ser el tipo que presiona sus botones repetidamente. Quieres convertirte en el esposo de quien otras esposas se mueran por escuchar historias. Quieres que tu esposa sea tu fan número uno. Ahí es cuando la esposa se ve como parte de tu EQUIPO, en lugar de ser la esposa estresada que constantemente se queja de su esposo. Cuando ella es parte de tu equipo, son ustedes dos contra el resto del mundo.

Es ahí cuando funcionan mejor como pareja. Es ahí cuando tu esposa será la más feliz… como tu co-capitana en la vida.

Aléjala de los niños

Como he dicho muchas veces en mis escritos, la paternidad es la antítesis del erotismo. Los dos mundos no engranan. Si hablamos de "quitadores de ganas mayores", ser padres está en lo más alto de la lista (junto con pandemias globales, pérdida de trabajo y esposos pedorros). Cuando tu esposa está en modo MAMÁ, SÓLO está en modo mamá.

Muchos hombres cometen el error de tratar de introducir sexualidad exagerada en situaciones donde no pertenece:

La esposa está ocupada limpiando vómito del bebé y el esposo se acerca y le agarra su seno adolorido. Él parece genuinamente perplejo y herido cuando ella grita, "¡¿PODRÍAS POR FAVOR NO HACER ESO?!"

La esposa acaba de terminar de gritar al quinceañero por la centésima vez sobre cosas estúpidas que el tonto adolescente sigue insistiendo en hacer. La esposa se ve como si acabara de ir al infierno y regresara. El papá mira simpáticamente a la esposa y dice, "Entonces… ¿Quieres hacerlo esta noche? No pudimos hacerlo la semana pasada como dijimos que lo haríamos." Ella se da la vuelta y se va al otro cuarto sin decir ninguna palabra.

La mamá recibió una llamada de la escuela. El de 9 años se metió en una pelea y le rompió la nariz al otro niño. La esposa está muy molesta. Ella solloza y dice que no puede creer que su hijo sea un "abusador" y que haga algo así. El esposo le asegura que no es nada, los niños pelean a veces, y aparte, "Te haré sentir mejor esta noche en la tina." La esposa inmediatamente mira al esposo con lágrimas en sus ojos. "¿Qué mierda te pasa?"

Cuando se trata de poner a tu esposa en la mentalidad correcta para sexualidad, el CONTEXTO es todo. Simplemente, tener hijos es un método corto circuito para arruinar tu vida sexual. No puedo decirte cuántos hombres me han dicho que el sexo con su esposa paró cuando su bebé llegó al mundo. El cuerpo y mente de la esposa cambió de marcha por completo. "MODO MAMÁ: COMPROMETIDA, DEBER PROTEGER AL BEBÉ. TODO LO DEMÁS VIENE DESPUÉS DEL BEBÉ. IGNORAR ESPOSO."

Muchos hombres creen que esta es una táctica malvada y manipuladora por parte de la esposa. Ella sólo lo necesitaba para procrear. Una vez que el bebé salió, era libre de apagar la vida sexual que ni siquiera le gustaba para empezar. Estoy seguro que eso pasa a veces, pero la verdad más realista y menos siniestra es que ella SOLÍA querer intimidad con su esposo, pero bajo la presión de ser una nueva madre, el mundo de la sexualidad está completamente ahogado. Lo que solía llegar "naturalmente" ahora toma "trabajo"... como cualquier padre te dirá, añadir más "trabajo" a tu lista de tareas suena a lo último que quieres.
Para MUCHAS parejas, si quieren acercarse e incrementar sus oportunidades de intimidad, necesitas alejarte del mundo de la paternidad tanto como sea humanamente posible. Hazlo regularmente. Las noches de cita son obligatorias, pero eso es lo mínimo. Necesitas fines de

semana lejos. Necesitas dejar a los niños con los abuelos, tías y tíos, amigos… e irse juntos a una aventura como pareja.

Siempre recomiendo a los hombres que planeen un viaje sorpresa sin decirle nada a la esposa sobre ninguno de los detalles. Organiza toda la logística necesaria para hacer el viaje. Organiza el cuidado de los niños. Planea el viaje. Paga por todo por adelantado. Juega la parte del líder. Tu esposa debería llegar a casa del trabajo y ver a su esposo sentado en el sofá con una maleta junto a él.

Tú: "Bienvenida a casa, hermosa. Tienes una hora para alistarte. Tú y yo nos vamos de viaje. Lleva un traje de baño, un vestido bonito para ir a cenar y mucha ropa casual para senderismo. Nos iremos por tres días. Todo está planeado y arreglado."

Ella: "Eeee… ¿Qué? ¿Qué hay de los niños? Billy tiene baseball mañana y tengo que trabajar en ese proyecto con Sally. ¿Recuerdas?"

Tú: "Como dije, todo está arreglado. Los niños están manejados. Créeme. Todo ha sido planificado. Tu única preocupación es relajarte y disfrutar de un viaje divertido con tu esposo. Ahora, sugiero que te apures… tienes 55 minutos restantes para alistarte."

Muchos hombres tratarán algo como un "viaje sorpresa" y se enojarán mientras su esposa hace toda protesta imaginable. "¡Estoy tratando de ser un esposo genial para ella! ¡¿Por qué se porta tan perra?!" Puedes pensar en su reacción como un "shit test". Deja que te resbale, por supuesto que va a protestar. Por supuesto que va a estar ansiosa. Acabas de lanzar una bomba y desbarataste su rutina. Ella es una típica mamá estresada. Aparte de eso, probablemente no está convencida de que puedas manejar tanta planificación sin ella (porque le entregaste las riendas de la relación por tantos años). Inmediatamente, podría haber saltado en su mente a "Déjame imaginar las 28 formas en las que vas a cagar esto." Además, si has estado presionando rutinariamente a tu esposa para que tenga sexo contigo (la terrorífica "conversación"), entonces probablemente ella ve esto como otra de tus artimañas para meterte en sus pantalones.

Lo que haces es simple: Planificas todo. No dejas que sus palabras te molesten. No presionas por sexo. Simplemente disfrutas el tiempo lejos de los niños con tu esposa. Trabajas en reconectarte como pareja. Le permites quitarse el uniforme de "MAMÁ" y volver a la antigua, soltera... aunque sea por unos pocos días.

¿Deberías Iniciar el Sexo con tu Esposa?

Una de las preguntas más comunes que recibo de los lectores de la primera edición de Reaviva tu Cama Muerta: "Espera… estoy confundido. ¿Debería inciar el sexo con mi esposa o no?"

El contexto es todo. Tu respuesta a tu esposa es todo. Si has hecho el trabajo duro expuesto en este libro y sientes que los planetas están alineados perfectamente y estás recibiendo señales de tu esposa que está abierta y relajada y lista para intimidad, entonces, adelante, haz tu movimiento. Sé sutil. Empieza despacio. Pequeños movimientos. Retrocede. Más movimientos. Retrocede. Hazlo divertido. Hazlo juguetón. No lo hagas un quehacer. No te conviertas en una estrella porno en el primer día. Si ella duda o actúa como si no está lista, retrocede. No pasa nada. Eres un macho adulto. No eres esclavo de tus bolas. Eres lo suficientemente inteligente y maduro para reconocer que tu esposa todavía no está ahí. Lo hiciste muy pronto. No es nada. Todos lo hemos hecho.

Podrías darte cuenta de que esta nueva actitud de "Oye, no pasa nada" es un EXCITANTE GIGANTE en tu esposa.

No eres necesitado. Eres un hombre. James Bond no empezaría a lloriquear y decir. "¡No es justo! ¡Me has dado señales todo el día! ¡Se supone que tengamos sexo!"

Sé tranquilo. Pasos de bebé. Esto toma tiempo.

Una Verdad Incómoda y Políticamente Incorrecta: Las Mujeres Son Mucho Más Maleables de lo que Piensas

Después de que mi esposa se fue, los vecinos de ambos lados de nuestra casa se divorciaron. Las esposas dejaron a sus esposos. Es verdad. ¿Piensas que eso es una coincidencia? Nop. Las damas hablaron. Compararon notas. Una pequeña historia aquí y allá y están convencidas de que esas pequeñas cosas molestas que sus esposos hicieron con los años no eran tan pequeñas después de todo. De hecho, eran bastante grandes y merecedoras de repensar todo el matrimonio. Los pros pesaban más que los contras. Las mujeres decidieron que estaban mejor sin sus hombres. Sí, puede ser estúpido y drástico. Estas historias no son únicas en ninguna forma. Esto es precisamente el por qué mantienes alejada a tu esposa de la chica recién divorciada y alcohólica de la oficina. Esto es por qué deberías tener una alarma sonando en tu cabeza cuando tu esposa se va a "noche de chicas" tres semanas seguidas y te deja con los niños.

Las amigas, no solo actúan como grandes influencias en el comportamiento diario de una mujer, pero la pareja romántica de la esposa puede hacer que ella sufra una metamorfosis en un completamente nuevo ser humano, también. ¿Alguna vez has visto a una mujer, locamente enamorada de un tipo, cambiar completamente su estilo de vida y conducta para igualar las de su amante? Pasa TODO el tiempo.

Las mujeres tienden a ser más amables y empáticas. Este rasgo de personalidad lleva más al tipo de acciones de "seguir la corriente" y una tendencia a buscar dirección y seguir al líder más fuerte. En general, hace a las mujeres el sexo más sumiso.

Algunos ejemplos de la vida real de mujeres que se han transformado para igualar los rasgos de su nuevo amante:

1. Una abuela conservadora, muy abotonada de cincuenta y tantos, vicepresidenta de Marketing quien estuvo soltera por 12 años (su esposo la engañó) finalmente sale con un hombre que presiona sus botones. Él ama las Harley Davidson y es miembro de un club de motocicletas. Ella, rápidamente, se convierte en una chica cubierta de cuero, tatuajes y motociclista con tetas falsas. Ella y su novio motociclista montan sus motos por todo el país y no podrían estar más felices. Ella no se parece en nada a la mujer que era hace solo un año.

2. Una mujer aburrida, "de baja líbido", cuarentona, mamá de tres con un PhD tiene una aventura, se divorcia de su esposo y se convierte en una swinger musculosa y tatuada que ignora a sus hijos. Cuando no está participando en orgías o levantando pesas, rutinariamente está en redes sociales proclamando que es lo "más feliz" que ha sido en su vida. Toda su familia y amigos dicen que es un ser humano completamente diferente.

3. Un ama de casa aburrida de treinta y tantos y mamá de dos regresa a la escuela para obtener su título.

Eventualmente se acostó con tres tipos jóvenes de la fraternidad y se divorcia de su esposo para ser una de ellos. Se viste como de 20 otra vez, se pone un arete en la nariz, se pinta el pelo e ignora a sus hijos. El nuevo novio está desempleado y pasa su tiempo fumando hierba en el sótano de sus padres. El ex esposo tiene custodia mayoritaria de los niños, si le preguntan, ella dirá que su ex esposo mintió y le "robó" a los niños.

Todos los tres escenarios ocurrieron en mi círculo extendido de amigos. No, estas mujeres no están locas. Son seres humanos enamorados. Sus botones han sido presionados. Este es, probablemente, un nuevo sentimiento para ellas. Cuando están enamoradas, se transformarán y cambiarán en cualquier forma que sientan que es necesaria para mantener a su nuevo hombre cerca. Lo hacen inconscientemente. El nuevo Amante las hace sentir mejor de lo que se habían sentido en toda su vida y no quieren perder eso. Él es, en esencia, una droga que ellas nunca quieren dejar de usar.

El Amante presionó sus botones y ellas reaccionaron en una forma muy predecible aunque drástica. La programación está en movimiento. El cerebro posterior de la mujer ha determinado que el Sr. Amante es digno de su tiempo, atención y su cuerpo. Si eso significa convertirse en una nueva persona y tirar su vieja vida a la basura, entonces, que así sea.

No, no vivo en un mundo loco y secreto de engañadores y mujeres locas. Esta es la vida real. Te podría dar otros 1000 ejemplos de la vida real de tipos por todo el país (EEUU) con los que he hablado en los últimos años así como cientos de historias en línea.

Todas las historias terminan con la misma frase: "Esta no es mi esposa."

Esto es precisamente porque sostengo que es posible re encender la pasión en tu esposa de "baja líbido". Crea la atmósfera correcta, proyecta la mentalidad correcta, presiona los botones adecuados… y estás listo para las carreras.

¿Quieres una perra en tu casa? Conviértela en una.

Tú Sé el Líder. Ella Sólo Debería Acompañarte en el Viaje.

Marca el ritmo. Sé genuino. Presiona los botones. Ella te seguirá.

Tú eres el hombre que va a lugares. Tú eres el que es interesante, guapo y diferente de todos los otros esposos ahí afuera.

Tú eres el premio.

Si ella quiere subirse en este asombroso tren, es mejor que se apure y lo haga.

Ese es el tono en las relaciones que mencioné antes, donde la mujer se transformó en una persona diferente. Ella, naturalmente, vio a este tipo, quien, en su pequeño mundo, era tan diferente y genial que ella se sometió completamente a él.

Estas mujeres no sólo transformaron su estilo de vida, pretendieron que les gusta y forzaron una sonrisa todo el tiempo. No, estaban ansiosas y felices de someterse e ir al viaje. Las tranquiliza tener a un hombre que ha delineado un proyecto de vida y diversión. ¡Una cosa menos de qué preocuparse!

La suprema ironía en todo esto es que las mujeres, si se lo permiten, volverán a ser la administradora de la familia.

Planeará. Decidirá. Eventualmente, odiará ese trabajo.
Cada año, de ser la única planeadora y quien decide, creará resentimiento y mandará su líbido aún más abajo.
Si tu mujer está haciendo planes, más te vale poner atención. No pongas las manos detrás de tu cabeza, tus pies arriba y no digas, "Oh, bien. No tengo que preocuparme por esto. Mi esposa puede manejarlo." Deberías meterte, dar tu opinión y descubrir dónde puedes ayudar. De forma gradual, intenta tomar el control de la tarea. "Está bien, amor. Tú haz esto y esto… y yo me haré cargo de estas otras tres cosas."

He escuchado a más de una mujer decir, "Me gustaría, por una vez, no tener que tomar todas estas decisiones sobre todo. ¡Un día me gustaría no tener que PENSAR y sólo dejar que alguien MÁS lo haga!" Cuando tu esposa lidera a la familia y la relación, el ritmo es invariablemente uno de frustración y enojo. Se cansará de jugar el papel del patrón y del hombre que tan fácilmente se somete a su dominio. Ella no quiere ser el líder de la tribu día tras día.

Se cansa de ver tu ropa en el piso, ver tu panza cervecera crecer, verte quejarte de la falta de sexo, verte ignorar los quehaceres que se necesitan hacer (o peor, hacer los quehaceres y buscar su aprobación), y ser ella la única que hace las llamadas y coordina todos esos importantes eventos familiares.

Quiere un hombre que se encargue de las cosas y siempre busca superarse y mejorar a la familia. Quiere a un hombre interesante. Quiere a un hombre que no tenga miedo de decir lo que piensa sobre ella y su relación en cualquier momento. Quiere a un hombre que no aguante sus mierdas.

En corto, lo quiere todo.

Quiere someterse a un tipo que la lanza en la parte de atrás de la motocicleta metafórica y diga, "Sostente" mientras se mueve en el tráfico en camino a la aventura y lugares desconocidos.

Ese tipo tiene mucho sexo.

Capítulo 5
"Esto es Manipulación"

Si te encuentras hablando de cómo ser un mejor hombre, o más específicamente, cómo tener más éxito con las mujeres, probablemente escucharás algo como esto:

"Eso es manipulación. Estás siendo falso."

Al superarte físicamente, alejarte de tu familia para concentrarte en ti mismo, no tolerar las tonterías de tu esposa y ser abierto con tu sexualidad... ¿estás siendo "manipulador"? ¿En serio?

Lo que la gente realmente está diciendo:

"No estás siendo realmente TÚ. Preferimos mucho más ver al TÚ real y no un tipo falso pretendiendo ser más de lo que REALMENTE es. Si eres un verdadero, natural y en general un tipo genial, entonces eso está bien. Si sólo eres un tipo débil que está fingiendo y TRATANDO de ser un tipo completo, entonces no... eso no está bien. Te ridiculizaremos abiertamente por eso."

Recuerda, la gente quiere asociarse con hombres "naturales", no tipos que están aprendiendo a cómo ser mejores y más atractivos. Por supuesto, el concepto de "natural" es ridículo. Nadie nació con un conocimiento innato de cómo ser atractivo y tener sexo. Aprendieron viendo a otros por años.

Mira quien es el que avergüenza. Mira quien es más vocal en contra de tu comportamiento "manipulador".

1. Mujeres. Estas son las mismas mujeres que se ponen maquillaje, se pintan el pelo, mienten sobre su edad, usan leggins de spandex para ocultar su celulitis y mienten acerca del número de hombres con los que han dormido.

¿Estas mismas mujeres están preocupadas de que los hombres sean "manipuladores"? ¿En serio? Por supuesto. Este es su juego, no el tuyo.

Ser falso en el juego de apareamiento es aceptado en el reino de las mujeres, no del hombre. El hombre debe presentar su VERDADERO ser, para que la mujer no cometa el error de elegir al tipo equivocado. Recuerda: Es algo muy importante para una mujer su elección de hombre. Hay muchas cosas en juego con su decisión (bebés, recursos, etc). Ella no puede tolerar ninguna tontería.

La regla de "no manipulación" no aplica para ella. La manipulación es un elemento esencial en el juego de citas femenino. Depende de los hombres descifrar qué es real y qué no lo es. Entre más a oscuras estén los hombres, mejor.

Si los hombres juegan el mismo juego de manipulación es simplemente escalofriante.

2. Hombres débiles. Hay una jerarquía implícita de dominio entre los hombres. Junta a un grupo de hombres y alguien siempre aparecerá como el líder. El resto se relegarán. Míralo como una pirámide de poder. Los pocos poderosos están arriba mientras todos los demás están al fondo.

Lo mismo aplica al mundo de las relaciones. "El perro alfa se queda con todas las perras (the top dog gets all the bitches)", como dicen. Cuando un hombre en el fondo de la pirámide mira como los pocos hombres de arriba se quedan con todo el sexo, se vuelve resentido. Aún tiene la abrumadora urgencia de tener sexo con tantas mujeres como sea posible, así que hace lo que puede para subir a codazos hasta la parte alta y reclamar su puesto. Eso podría significar tratar de sabotear los esfuerzos de los hombres en los rangos altos (cock clocking). Eso también podría significar hacerse amigo de mujeres con el disimulado propósito de tener sexo en algún punto (tratar de escapar a la zona del amigo).

Estos hombres son verdaderos ascos. Son maquinadores y manipuladores hasta la raíz.

Estos hombres son de los primeros en denigrar tus esfuerzos hacia la superación personal. Atento con ellos pero deberían ser ignorados por completo. Su mentalidad perdedora es contagiosa. Recuerda, sus preocupaciones nunca vienen de un lugar de empatía verdadera sino de competencia, están tratando de sabotear tus esfuerzos como hombre que intenta elevarse en la jerarquía.

A menudo la gente pone a los hombres y mujeres en categorías y roles cómodos. "Tú… tú eres un proveedor. Tú… tú eres una mamá. Tú… tú eres una puta." Cuando sales de esas pequeñas cajas en las que te pusieron, la gente reacciona casi con hostilidad e incredulidad.

Esto es especialmente cierto si estás invadiendo su propio territorio.

Mira al chico dulce pero necesitado acercarse a la chica linda en el bar y decirle que tiene un cuerpo bonito, o peor… tratar de tocarla. Mira a la escasamente vestida chica ser entrevistada por una posición en la guardería.

La reacción es siempre la misma: Alguna variación de "eee… ¿Qué estás haciendo AQUÍ? ¿No se supone que debes estar en OTRO lado? ¡Conoce tu rol en la vida!"

Podrías recibir el mismo tipo de incredulidad hostil y enojo cuando tratas de librarte de algunos de tus comportamientos de Proveedor/Pusilánime/Buen Chico con la esperanza de ganar más puntos y recompensas de Amante. Has desempeñado el mismo rol por AÑOS. La gente no sabrá qué demonios pensar con un cambio radical de comportamiento. Algunos te odiarán rotundamente.

Esto es muy inquietante para muchos hombres. "¡Todavía soy el mismo chico dulce!" les dicen a sus parejas y viejos amigos… solo para ser odiados todavía más. ¿Por qué? Porque fallaste su "shit test". De hecho RESPETABAN más al nuevo tú que al viejo tú. Solo te molestaron un poco para ver si los cambios eran genuinos. Te retractaste. Ahora ellos saben que perteneces al grupo de hombres débiles y manipuladores que todos detestan.

Recuerda: Estás tratando de mejorarte y, consecuentemente,

mejorar tu matrimonio con tu esposa. No estás haciendo nada malo. Mantén el rumbo. Estás progresando. Toda persona que ha experimentado un atisbo de éxito te dirá que el fenómeno de la gente tratando de probarte y desviarte de tu misión es MUY común.

Eventualmente, si haces bien tu trabajo, gustosamente te acompañarán en el camino.

Capítulo 6
"Demonios, Funcionó"

"Trabaja duro en silencio. Deja que el éxito haga el ruido."

Anónimo

Tu momento "¡Aleluya!" ha llegado

Tomó meses de cambios difíciles de tu parte… pero finalmente lo hiciste.

Llegas a casa un día y recibes un texto de tu esposa apenas pasas por la puerta. Sólo dice, "Ve a la habitación". Te diriges a la habitación esperando ver algún desastre que requiere tu atención. Tal vez hay una avispa en el clóset otra vez, o el perro se pegó una cagada horrenda en la alfombra. Caminas por el pasillo, giras en la esquina y estás en shock al encontrar a tu esposa, desnuda, cubierta en aceite de bebé, acostada en la cama diciendo, "Ya era hora de que llegues a casa."
Demonios. Funcionó. Presionaste los botones correctos en la combinación correcta y su motor sexual se encendió nuevamente.

Lo lograste.

Pero espera… hay una trampa. Siempre hay una trampa. ¿Pensaste que sería así de fácil?

Puede que ya no la desees más.

"Espera, ¡¿qué?! ¡No es posible!", estás diciendo ahora. Síp. Esto es común. Esta es la parte "mala" de pasar por cambios de vida grandes y superación dramática.

FINALMENTE RECONOCES TU VALOR.

Esto es precisamente el porqué tu esposa estaba tan nerviosa acerca de tu repentino cambio de comportamiento. Lo que ella sabía en el fondo era cierto: Ella podría no ser capaz de igualar tu nuevo nivel de auto superación. Tus vastas mejoras en apariencia física, seguridad y actitud en general también han expuesto por completo sus fallas como pareja romántica.

Seamos honestos, tu esposa ya no es una chiquilla. Ella sabe que no es raro para hombres atractivos mayores salir con muchachas de la mitad de su edad. Sabe que no puede competir con Buffy, la hermosa chiquilla de 22 años en el gimnasio, por quien todos los hombres babean. Ninguna cantidad de maquillaje, implante de senos o tiempo en el gimnasio puede retroceder el tiempo y permitirle compararse favorablemente con Buffy en los más primitivos y superficiales niveles de "atracción". Ella sabe muy bien esto. Ha visto los videos porno que te encontró viendo. Te ha visto inconscientemente quedarte mirando a chicas en público. Sabe lo que todas estas mujeres tienen en común. Sabe lo que presiona tus botones.

Tampoco puede, mágicamente, borrar los años de resentimiento que has acumulado después de tanto tiempo sin intimidad sexual. Ahora ella es una esposa nerviosa y ansiosa y por una buena razón.
Estás enojado. Estás cachondo. Eres un hombre de mucho valor en un mar de mujeres solteras atractivas. Te han coqueteado o has sido abordado por algunas señoritas en los últimos meses. Buffy en el gimnasio de hecho te dijo

hola y te sonrío el otro día. Esto nunca te había pasado antes. Es estimulante. Estas mujeres están presionando tus botones cavernícolas, mucho.
Si eres completamente honesto, estas mujeres hacen que tu esposa se vea muy baaa y poco atractiva. Te sientes terrible por pensar así, pero no hay opción. Son ricas. Tu esposa no. Tu esposa dejó de tratar de ganar tu admiración y afecto hace mucho.

Tus mejoras tan dramáticas han abierto un nuevo mundo para ti. Un nuevo círculo de amigos. Ahora estás rodeado de gente que también toma la superación como algo muy importante. Nuevos amigos hombres. Nuevas admiradoras femeninas. Consecuentemente, tu admiración y atracción por tu esposa se ha reducido. Llegar a casa, a ella ya no es tan atractivo como era. Estar cerca de tu esposa te desanima.

"Por suerte" para ti, tu esposa finalmente despertó y dijo, "Está bien… veo todas estas mejoras que has hecho, Sr. Esposo. Ahora estoy genuinamente excitada y felizmente te daré acceso a mi cuerpo. Por favor ven a la cama por tu recompensa."

Tuviste que saltar por MUCHOS aros para llegar a este punto. Cosas realmente duras. Superación que cambia vidas. Sacrificios. Ella sólo tuvo que sentarse ahí y mover un interruptor en su cabeza, ponerse excitada, y finalmente darse cuenta el gran hombre con quien se casó.

Es en este punto podrías tener mucha satisfacción al verla

en la cama y decirle, "Hoy no, cariño. Me duele la cabeza" mientras te alejas haciendo un puño como si acabaras de anotar un gol en el Mundial.

No seas mezquino. No seas una pequeña perra vengativa. Sé un hombre.

La vida te pone muchas pruebas y tentaciones y esta es una de ellas. Mi consejo es que seas el líder. Muéstrale cómo se hacen las cosas. Deja tu ego de lado. Este es tu momento de brillar. Hazle el amor como si no hubiera mañana.

Saca todas tus frustraciones en la cama. Tu actitud debería ser, "Ven, déjame mostrarte lo que te has estado perdiendo." Asegúrate de que, por el resto de la semana, ella tenga una gran sonrisa bobalicona en su cara y una cojera pronunciada.

Hiciste votos. Respétalos. Eres un hombre. Eso es lo que haces. Si todos cambiáramos de barco cada vez que el césped se viera más verde al otro lado, no habría estabilidad en la vida. La estructura familiar se disolvería. Todos seríamos un montón de idiotas egoístas saltando de una persona a otra hasta cumplir 80 años y darnos cuenta de que debíamos haber trabajado más para hacer que nuestras relaciones funcionen, en lugar de bajar los brazos y alejarnos cuando las cosas se pusieron difíciles.
El césped no es más verde en el otro lado. El césped es más verde donde lo riegas.

Usa tu nuevo nivel de atracción, energía, y autovaloración

como guía para el comportamiento futuro de tu esposa. El nuevo tema es, "Es así como serán las cosas de ahora en adelante." Tú vas a liderar. Vas a ser genial y atractivo y ella va a apreciarlo y a corresponderlo. Ella va a poner el mismo esfuerzo en su propio mejoramiento y trabajar en su matrimonio.

Lo vales y ella lo vale.

El resultado será sexy, divertido y positivo. Sí, va a ser difícil. Realmente difícil. Es por esto que dicen, "Las relaciones son mucho trabajo".

De nuevo, eso no significa que le estés diciendo, "¡Cógeme o te dejo, mujer!" Esto significa que ahora estás plenamente consciente de lo que una cama muerta significa. Significa que la relación estaba en sus últimos días.

Has hecho todo lo que TÚ puedes para remediar la situación, ahora depende de ella hacer lo mismo. Se necesitan dos para bailar.

Sobre el "sexo por pena"

Después de publicar la primera edición de Reaviva la Cama Muerta, algunas de las preguntas más comunes que recibí de lectores eran acerca del tema del „ sexo por pena". El „sexo por pena" es cómo llamamos al sexo que nuestras esposas nos ofrecen incluso cuando están obviamente sin ganas. Lo hacen por obligación… O sólo para callarnos. Para cualquiera con un sentido de empatía y una pizca de conciencia social, puedes identificar „sexo por pena" a 1 km de distancia.

A menudo, cuando un hombre empieza su viaje de autosuperación, la esposa se dará cuenta de inmediato.

Primero empieza como, "Mmm… algo está raro aquí." Ella presionará y buscará algo insidioso burbujeando debajo de la superficie. Cuando falla en descubrir algo siniestro, se da cuenta de: "Oh, sólo está mejorando. Se está poniendo más atractivo. Ahora estoy un poco asustada de perderlo y toda mi existencia cómoda podría llegar a su fin." Mientras esto podría ser el inicio de un proceso de genuina atracción y aprecio, no es la receta completa que necesitas para hacer el completo estofado de „esposa está loca por mí" que estás buscando.

Tu esposa: "Podemos tener sexo esta noche, si quieres." Esto puede pasar relativamente rápido. Después de todo, gracias a „la intuición femenina" pueden darse cuenta de cambios en las dinámicas sociales bastante fácilmente. Ella sabe que pasa algo, sabe que puede llevar a algo realmente „malo", así que hace lo que siente que es el método más efectivo para poner a su esposo de nuevo en el camino: Le ofrece sexo.

Mi consejo es este: No tienes que tener sexo si no quieres. Si tus ojos y tus entrañas te están diciendo, "Esto no se siente bien", Y estás seguro de que está ofreciéndote sexo por las razones equivocadas, entonces educadamente niégate. Pienso que debes estar en el lado de la honestidad completa. "Cariño, no tienes que hacer eso. Me doy cuenta de que SIENTES que tienes que, pero no. De verdad. Tu lenguaje corporal está en otro lado. No te ves ni un poco con ganas. Preferiría esperar a que estés 100% cómoda y de verdad de humor. ¿Está bien? Honestamente… sin resentimientos. Lo entiendo completamente. Te amo, hermosa."

¡Guau! tu esposa no sabrá qué pensar. Se pondrá más ansiosa, preocupada, confundida… Y te respetará un montón. ¿Por qué? Por qué eres un hombre que no es esclavo de sus bolas. No eres un adolescente cachondo que se lanza a la primera oportunidad de sexo. Eres un hombre que tiene inteligencia social y el corazón para decir, "veo lo que está pasando aquí… No es bueno. No gracias." Esta es la personificación de ser el "Hombre Mentalmente Saludable No Necesitado" (MHNNM) que describí antes.

Quieres verdadera pasión y deseo. Tu esposa también lo quiere. Sé el líder y muéstrale lo que es aceptable y lo que no. Muéstrale que no te conformas con migajas. Puedes esperar hasta tener la receta completa y el delicioso estofado de sexo que te mereces.

No te Pongas Cómodo

Créeme, NO tomará tiempo borrar todo el duro trabajo que pones haciendo estos cambios positivos. A veces, parecerá como si todo el mundo está conspirando para derribarte y destrozar todos tus resultados positivos. Habrá tentaciones en cada esquina. Asombrosa comida para comer. Domingos vagos con una torre de pancakes Y un sofá llamando tu nombre. Amigos burlándose de ti por ejercitarte tanto. Familia preocupada porque parece que has perdido demasiado peso. "¿Estás enfermo? ¡No estás comiendo lo suficiente!"

Lo que te sorprenderá, es que tu ESPOSA parecerá ser una de las más ansiosas en sabotear tus esfuerzos. Es así, la única persona que se beneficia de tus cambios (aparte de ti mismo) tratará de derribarte.

¿Crees que has visto pruebas antes? Pues, sólo espera. No has visto nada todavía, amigo. Le vas a presentar a un nuevo hombre que presiona sus botones y hace que su motor sexual se revolucione otra vez. Esto es gigante. No es un suceso menor. Esto la saca de balance. Su cerebro va a estar gritando, "ESTO ES ASOMBROSO… PERO ¡ASEGÚRATE DE QUE SEA REAL!"

Recibirás pequeños insultos en momentos extraños. Recibirás quejas. Tratará de avergonzarte por ir al gimnasio. Cuestionará por qué te vistes tan bien. Se pondrá más celosa. Empezará a enojarse otra vez por ver a esa mujer en el centro comercial por medio segundo. Incluso podría intentar avergonzarte por eso.

No te debería importar ni un poco.

Este es el momento cuando muchos hombres retroceden… Y después tienen que empezar todo otra vez. "Pues, mmm… me ESTÁ dando sexo ahora, así que tal vez debería tomarlo con más calma."

No te atrevas a cambiar. Estarás de vuelta en tu vieja vida más rápido de lo que puedes decir pornhub.com.

Mira lo que ella hace, no lo que dice.

Mira la apariencia de tu esposa. Apuesto que ha mejorado. El sexo ha aumentado. Cuando no está poniéndote pruebas aleatorias, está más brillante y energética. Su chispa ha regresado.

La vida de casados está, en general, mejor.

Reconoce el intento y sentimiento detrás de estas pruebas aleatorias de tu esposa. Es miedo, no enojo. Es inseguridad. Está asustada de perderte y también está asustada de bajar la guardia por un hombre que no es genuino. Está asustada de confiar en un fraude. Muéstrale comodidad al continuar siendo el mejor hombre que puedes ser. Muéstrale amor y aprecio continuando tu mejora. No toleres sus tonterías… Y cógetela con la fuerza de mil hienas rabiosas. Recuerda, con sexo viene el drama. Con el drama viene el sexo. Es todo parte del juego.

Capítulo 7
No Funcionó

"El fracaso es la única oportunidad de empezar de nuevo y esta vez más sabiamente."

Henry Ford

No Te Voy a Mentir. Todo Tu Trabajo Duro Podría No Resultar en Sexo con Tu Esposa.

Sí, así es. Podrías muy bien convertirte en la absoluta mejor versión de ti mismo, dejar de cometer los cinco errores, dejar de tolerar las tonterías de tu esposa, ser un compañero amoroso, ser un gran líder… y ella todavía podría no tener interés en sexo o ningún tipo de intimidad contigo.

Entonces, ¿qué está pasando aquí?

Pues, podría ser una variedad de cosas. Podría ser algo terrible, como que ella esté viendo a alguien más y te descartó hace mucho tiempo. Podría ser que ella tiene mucho resentimiento hacia ti (posiblemente por razones muy válidas) y ella ve todas estas mejoras y cambios como que están pasando demasiado tarde en el juego. Podría ser hormonal. ¿Es premenopáusica?
Las hormonas pueden tener efectos dramáticos en el deseo sexual de una persona. Para cada mujer, la menopausia significa que cierran el capítulo de su sexualidad por completo.

Puede ser que a ella realmente no le gustabas sexualmente pero sólo te vio como un proveedor de recursos que ella necesitaba para ella y sus futuros hijos.

Muchas veces, un hombre en esta etapa del juego se vuelve lúcido y tienen un gran número de epifanías sobre su matrimonio. La niebla de su previo rol como sólo proveedor se ha levantado y ahora puede ver las cosas desde un punto de vista más "completo". La que fue una vez una mujer con quien crió hijos y mantuvo un hogar es ahora una muy enojada y fría persona que no le ha mostrado afecto por años.

Él ha estado casado con una genuina y muy convencida imbécil. Mientras él más recuerda su tiempo juntos, peor es la opinión que tiene de su esposa.

Las esposas que están "listas" para terminar su relación, típicamente, no van donde su esposo y le dicen: "Terminamos" (a menos que haya otro hombre en el panorama). En lugar, gradualmente, plantarán semillas de desdén con la esperanza de que su hombre entenderá estas pistas nada sutiles y lo haga él mismo. Esto permite a las mujeres salvarse y jugar a la víctima, pero igual salir de la horrible relación chupa vida.

Ganar/ganar para ella.

Lo que ella no sabe es que su hombre está tan condicionado y tan roto que sólo duplicará sus atributos "positivos" (los cinco errores) y esperará dar vuelta a las cosas.

Los hombres usan su sentido de "honor" como una medalla al coraje, cuándo es realmente sólo una excusa para darse la vuelta, mostrar su panza y someterse a una esposa que no está sino asqueada de él.

He escuchado historias de terror de hombres acerca de esposas que los tratan con desdén exagerado. Un hombre atrapó a su esposa escupiendo en su bebida cuando pensaba que no la veía. Otro encontró mensajes de texto de su esposa a otro hombre diciendo que espera que el tratamiento de cáncer de su esposo no funcione y que se apure y se muera. Otro hombre vio a su mujer burlarse de su asma con un grupo de amigos… Torciendo los ojos con disgusto.

Las mujeres son seres humanos. Son capaces de tener comportamientos realmente malévolos. Si sienten que están siendo arrinconadas en una esquina (cómo estar atrapadas en una vida aburrida con un hombre por quien han perdido todo respeto), se comportarán mal.
Pueden acumular resentimiento y odio hacia su esposo y actuar acorde.

Entonces, ¿Por qué TU esposa no responde positivamente a nada que TÚ haces?

¿Quién sabe? ¿A quién le importa?

Mientras llegas a este punto en tu transformación, algo debería haber hecho clic en tu cerebro. Hice alusión a esto en el capítulo anterior cuando hablé de la posibilidad de que tú no tengas deseo sexual por tu esposa más.

Tú eres solamente responsable por ti. No eres responsable de las opiniones y acciones de otros. A veces eso es decepcionante y rompe el corazón increíblemente. También puede ser extremadamente liberador.

Puedes ser lo que TÚ quieras ser.

Esa es la vida en resumen.

Siempre recuerda una cosa: Las relaciones, por su naturaleza, son muy difíciles.

Cualquiera que te diga lo contrario o te está engañando, o de alguna manera suertuda encontró a la pareja perfecta, o son simplemente "naturales" en navegar las turbulentas aguas de las relaciones. Podrían ser de los pocos elegidos que hacen que este juego se vea fácil.

¿Por qué digo que las relaciones son tan difíciles? Pues, esto es un debate, obviamente, pero he llegado a una gran conclusión después de mi experiencia con mis propios matrimonios, las historias de miles de lectores y las muchas horas de investigación y lectura que he hecho al respecto:

El matrimonio, como lo conocemos actualmente, no es para la mayoría de nosotros.

El matrimonio toma cierta disposición, cierta personalidad y un específico set de habilidades para la vida y las relaciones que la mayoría de nosotros simplemente no tenemos.

Si paras y miras a la interpretación moderna del matrimonio, es casi imposible acertar en todo. Aquellos que estamos queriendo casarnos estamos diciendo:

1. Quiero estar casado con mi mejor amiga.

2. Quiero estar casado con alguien que gane mucho dinero. Vivir la vida es duro. Necesitamos dinero. Necesitamos seguridad.

3. Quiero estar casado con alguien a quien admire. Si no hay respeto significa que no me quedo.

4. Quiero estar casado con mi amante. Quiero tener deseo por ella consistentemente y viceversa.

5. Quiero estar casado con quien me cuida. Si me enfermo o estoy incapacitado, quiero que mi esposa esté ahí sin importar qué.

Básicamente, estamos diciendo, "quiero tener todas mis necesidades de relaciones interpersonales puestas en una sola persona desde ahora hasta el día que muera. Quiero a mi amiga, mi madre y mi amante sexual envueltas en una persona."

¡Guau!... Esa es mucha presión. Esa es una gran lista de expectativas.

No es sorpresa que falle tan seguido.

Pero amigo... cuando funciona... es una cosa hermosa.

¿Vale la pena todo tu trabajo duro? ¿Estás preparado para el reto? Pues, desafortunadamente, sólo eres una mitad de la ecuación. Ella también tiene que quererlo… Y ella podría no ver la necesidad o no tener ningún deseo de mejorar su actual situación marital, no importa lo que hagas.

Apesta, pero es extremadamente común. Tu esposa se rindió en tu matrimonio.

No te sientas mal contigo mismo. Este no es momento para lloriquear. Eres deseable. El nuevo tú podría tener sexo la próxima semana con una hermosa mujer que sólo quiera divertirse con un tipo exactamente como tú. Que tu esposa siga diciendo "aléjate de mí" NO debería ser un evento destructor de tu realidad. Solo es un bache en el camino. Es duro… pero no inesperado y de ningún modo termina tu vida. De hecho, la diversión acaba de comenzar, mientras aprendes.

Buena lección de vida para ti: no calcules tu valor basado en la voluble opinión de otros. Has hecho mucho trabajo duro y demasiadas buenas cosas hasta este punto, "si a ella no le gusto, entonces debe haber algo malo conmigo."

Tal vez sí. Tal vez no.

¿A quién le importa?

Deberías estar contento con el hecho de que hiciste absolutamente TODO lo que pudiste para salvar tu matrimonio. Presentaste el absoluto mejor paquete de "esposo" posible para tu esposa. Aceptaste el reto que viene con ser un hombre casado y tomar al toro por los cuernos. Trabajaste duro. Seguiste todas las reglas.

1. Eres objetivamente más atractivo.
2. Eres más saludable.
3. Tienes más energía.
4. Tienes límites más fuertes y más seguridad.
5. Otras mujeres te encuentran atractivo.
6. Los hombres te admiran.
7. Has hecho conocer tu atracción y resolución hacia tu esposa.
8. Eres un esposo amoroso y atento.

Todas estas cosas positivas ocurrieron en tu vida como resultado de tu trabajo duro y aún así tu esposa dice, "Baaa… no lo creo."

Pues, ese es su problema.

Eres un buen esposo. Eres un buen hombre. No olvides eso. Con o sin tu esposa, todavía eres TÚ.

La cama muerta significa que hay mayores problemas con tu relación. Tú intentaste todo para encender tu vida amorosa. Has sido rechazado. Tu relación romántica se acabó. Es tiempo de dejar a tu esposa.

¿Te sorprende que sugiera terminar tu matrimonio? Recuerda lo que dije al inicio de este libro: "Este libro fue escrito para hombres heterosexuales en una relación monógama de largo plazo que quieren más sexo."

No dije, "Más sexo con tu esposa".

Eres un tipo guapo, seguro, interesante, fit, masculino, amable y trabajador.

Te lo prometo. Estarás más que bien.

Preguntas Frecuentes y Comentarios.

Después de escribir la primera edición de Reaviva la Cama Muerta, recibí un MONTÓN de correos de lectores. Aquí están algunos de los más comunes:

"Quiero salir más de la casa. Dijiste en el libro que el amante no siempre divulga dónde está o qué está haciendo a su esposa. Probé esto y mi esposa perdió la cabeza y dijo que no era algo bueno. No sabía si estaba vivo o muerto."

Pues… El Amante por excelencia también sale y tiene sexo con varias diferentes mujeres a la vez. No sugiero eso para un hombre casado… Así como no sugiero que desaparezcas y no le digas a tu esposa dónde vas. No espero que mi esposa haga eso tampoco. Sería raro.

Cuando eres un hombre casado con hijos es importante que apuntes al balance entre Amante y Proveedor. En mi opinión, sólo salir de la casa sin decirle a nadie a donde vas, es extraño. No hay nada de malo con decir: "voy a salir a hacer algunas cosas. Regreso en un par de horas. Tal vez vaya al gimnasio también." No estás solo saliendo con esa mujer casualmente. Eres su esposo y padre de sus hijos.

"¿Debería decirle a mi esposa de este libro? Ella ya ha notado mi cambio de comportamiento y está sospechando."

En otras palabras, estás asustado de que tu esposa piense que andas en algo malo. Quieres aliviar su ansiedad. Quieres probarle que tus acciones son hechas positivamente. No, no le digas. Mantén el rumbo. No estás haciendo nada malo.

Repito: no estás haciendo nada malo. Deja de buscar el permiso de mamá y deja de tratar de arreglar sus supuestas emociones negativas sobre algo tan tonto como: "Mi esposo está, por fin, actuando como un hombre. Algo debe estar mal."

"Mi esposa dice que no he sido más que un tremendo idiota desde que leí Reaviva la Cama Muerta. Nuestra vida sexual no ha mejorado ni un poco. El otro día estaba saliendo y me preguntó a dónde estaba yendo. Sólo dije "afuera". Me reventó el teléfono con mensajes de texto enojados. La ignoré. Después me preguntó si estaba enojado por algo. Quería decirle: "Sí. Estoy enojado porque no hemos tenido sexo desde que nuestro hijo de dos años nació, pero sé que eso es exactamente lo que no debería hacer. Hemos tenido esas conversaciones cincuenta veces ya. No hacen nada. No estoy seguro de qué hacer. Sólo le dije que no, nada estaba mal."

Creo que con sólo decir, "Afuera", puede parecer molesto y enojado. Con razón. Estás molesto y enojado.. ELLA SABE porque estás enojado (al menos, en parte). ¿Cómo sé que ella sabe? Por qué eres un hombre y has tenido la temida conversación cincuenta veces ya. Obviamente te ha afectado mucho y se lo estás haciendo saber en una forma muy pasivo-agresiva. O lo superas, sigues adelante y tratas de mejorarte (a pesar de sus sentimientos), o simplemente dile que no estás feliz con cómo va la relación y estás tratando de procesar las cosas y quieres que te deje solo en lugar de estar lloriqueándole como siempre lo haces.

"Así que, leí tu libro y estaba listo para empezar hacer el trabajo duro para convertirme en un mejor hombre pero mi esposa me sorprendió preguntándome si alguna vez he pensado en tener un matrimonio abierto. Eso fue un shock, por no decir más. ¿Qué piensas de los matrimonios abiertos? ¿Buena idea? Parece ser una buena solución para nuestra situación."

Creo que tu esposa te está engañando.

"Mi problema es que tu libro asume que había un punto super sexual al inicio de la relación. Mi relación con mi esposa nunca ha sido sexual. Siempre me he sentido como un pervertido por querer hacer cosas sexys con ella. Ella odia hacer cualquier cosa más allá de un misionero en la oscuridad... Y consigo eso tal vez una vez al mes si tengo suerte. Después de que nació nuestro hijo, pasamos un año y medio sin sexo. Me temo que no todas las relaciones pueden ser salvadas."

Tienes toda la razón. Lee el capítulo 7 otra vez.

"Amé el libro y estoy de acuerdo con todo lo que dices, pero realmente no creo que esto vaya a funcionar con mi esposa. Estamos tan en el abismo que no es ni un poco gracioso. Me temo que he comenzado una aventura emocional con otra mujer y estoy en el punto en el que ni siquiera me importa si mi esposa se entera. ¿Qué esperaba? ¿Estoy mal por tener necesidades?"

No, no estás mal por tener necesidades. No estás mal por desear a otra mujer. Estás mal por no hacer lo que un adulto haría, sentar a tu esposa y decirle que se acabó. En lugar, estás tomando la salida más cobarde y jugando con otra mujer. No quieres perturbar la comodidad y estabilidad del hogar, pero también quieres tener tu aventura a escondidas. No serías el primer hombre en la historia en tener una aventura y tampoco serás el primero al que le explota su esposa cuando se entere (y se enterará).

"Leí Reaviva la cama muerta, pero me decepcionó. Fue básicamente todo sobre ir al gimnasio. Los hombres somos más que músculos. No todos queremos ser estúpidos."

No puedo decirte cuántas veces me han dicho esto. Siempre me desconcierta . El gimnasio es literalmente el paso uno de un proceso de varios pasos descrito en el libro. ¿Por qué tantos hombres paran ahí y cierran el libro disgustados? Pues, están mirando en un espejo gigante. Sus defectos deslumbrantes les miran de regreso. A nadie le gusta que le digan, "Tienes un rasgo negativo deslumbrante y todo es tu culpa." A nadie le gusta que le digan, "tienes mucho trabajo que hacer y puede involucrar hacer cosas físicas que están por DEBAJO de tu valor percibido." Muchos PhD y otros con estudios de cuarto nivel se erizan con la idea de que sus esposas cerebrito se exciten con músculos. Muchos de estos hombres también han aprendido a la mala que sus múltiples títulos y su espléndida disertación doctoral no hace volar las bragas de sus esposas. Entonces, se molestan mucho cuando las descubren con el chico de la piscina que apenas puede poner un pensamiento coherente junto.

El libro no se trata del gimnasio. No seas ridículo. Sólo te asustaste cuando leíste la verdad y lanzaste el libro disgustado.

"Mi matrimonio se empezó a desmoronar por problemas de dinero. Perdí mi trabajo muy rápido y me fue muy difícil encontrar otro. Tuvimos que vivir con los ingresos de mi esposa por más de un año. Ahora estoy trabajando y gano más que antes pero todavía estamos pagando deudas. Nuestra vida sexual se fue al carajo en cuanto perdí mi trabajo y no ha vuelto desde entonces. No creo que ponerme en buena forma y ser más asertivo ayudará en mi situación. Creo que mi problema es muy común y me sorprende que no esté cubierto en el libro."

Tu matrimonio se desmoronó porque la seguridad de tu esposa fue amenazada. Podrías haber logrado lo mismo teniendo una aventura, teniendo un hábito secreto de drogas o algo más que le diga a tu esposa, "lo siento, elegiste al tipo equivocado". En su lugar, perdiste tu trabajo y no tuviste otro inmediatamente. La pusiste en el rol de llevar el pan a casa. No, esa no es una buena fórmula para la felicidad marital. Sí, el dinero es un estresante gigante para cualquiera… pero no puedo decirte cuántos hombres me cuentan una historia similar a la tuya… Sólo para descubrir que su esposa estaba teniendo una aventura apasionada con algún perdedor desempleado.

Para pensarlo.

"Estoy confundido sobre el concepto de los 'shit tests'. Me doy cuenta de que mi esposa constantemente está haciendo comentarios irrespetuosos. He sido bueno ignorándolos pero ayer me dijo que puede ver que estoy enojado y quiere saber por qué."

Hay una línea muy fina entre "comportamiento de 'shit test' de esposa típica" y "comportamiento tóxico irrespetuoso que necesita ser interrumpido inmediatamente". El contexto es todo.

Si estás camino al gimnasio y tu esposa te dice, "¿TIENES que irTE? ¿No podrías mejor quedarte? Siempre te vas al gimnasio. Esperaba que nos quedáramos acurrucados hoy". Eso es un shit test. Está viendo lo comprometido que estás en tu misión. Quiere saber de lo que estás hecho. Esto no debería enojarte. Esto debería mostrarte que estás en el camino correcto. Ella te ama.

Si tu esposa dice, "No sé para qué vas al gimnasio. Todavía te ves igual que siempre. No sé a quién estás tratando de impresionar. Como si alguna vez te fueras a ver bien sin camiseta", está siendo irrespetuosa. Por supuesto que esto te molesta.

He aquí una frase que trato de enseñar a los hombres a usar cuando su esposa es irrespetuosa y tóxica: "Ok. ¿Por qué dices eso? No puedo imaginarme hablándote así. Es extremadamente irrespetuoso y espero mucho más de ti. ¿Me entiendes?"

Eso no es necesitado. No es femenino. No es débil. Eso es ser un hombre fuerte que no tiene miedo de interrumpir el mal comportamiento cuando pasa. Puede lidiar con el drama posterior.

Historias de Lectores

Pensé compartir algunas de las historias de los lectores de la primera edición de Reaviva la cama muerta. ¿Tienes tu propia historia para compartir? Por favor siéntete libre de enviarme un mensaje a dso@dadstartingover.com. Doy mi mejor esfuerzo para leer y responder a cada correo.

DSO,
Ok, este libro fue muchísimo como mi historia que pensé que me estabas espiando. Una cosa que me llamó la atención fue la parte en la que hablas sobre hombres que descubren que su esposa asexual fue muy perra en su pasado. Esa fue mi historia por completo. Después de tener a nuestro hijo, mi esposa apagó el sexo completamente. Al principio sólo podíamos usar las manos (todavía tenía dolores por el bebé)... después solo podíamos acurrucarnos y besarnos... después sólo acurrucarnos... después sólo tomarnos de las manos. Después de que, literalmente, le lloré por la falta de sexo (guau era tan marica), me dijo que piensa que puede ser asexual. Dijo que, literalmente, no tiene más deseo sexual y que realmente nunca lo tuvo. Dijo que el sexo nunca fue muy importante para ella. Le pregunté si eso significaba que estaba fingiendo durante los primeros años de nuestra relación porque parecía disfrutarlo bastante en ese tiempo. Dijo que sí, piensa que fingía. No está segura. Eso siempre me confundió. ¿Cómo no sabes si disfrutaste el sexo? Es bastante claro para mi.

Algo en mis entrañas me decía que el comentario de mi esposa sobre ser asexual era muy raro y malo. Sabía que era sexual antes. Sé que tuvo relaciones antes de mí. Recordé que dijiste algo sobre lo común que son las mujeres con aventuras, así que empecé a espiarla (no estoy orgulloso). No encontré una aventura, pero encontré una conversación con una de sus amigas que me dejó boquiabierto. Ella le admitió a su amiga que era realmente "experimental" cuando tenía unos 20 y tuvo dos diferentes tríos. Dijo que amó cada minuto de eso. Le contó a su amiga todos los detalles sucios. Fue como leer porno. Luego dijo algo que me golpeó duro. "Olvidé cómo se siente ser deseada y sexy. Ya no me siento como una mujer." GUAU. Ninguna mención de mí, para nada. Su amiga ni siquiera preguntó. Fue como si yo no existiera. Le rogaba por sexo por AÑOS. Estaba devastado. Ese fue mi punto más bajo. Como él dijo, mi esposa quería sexo pero no conmigo.

Vi tu libro en mi Instagram. Lo compré y lo leí todo el mismo día. Me golpeó tan fuerte que juré en ese momento que cambiaría completamente. Si mi esposa "asexual" no me desea, que así sea. Solo tengo 38, así que literalmente estoy en mi mejor momento. No podía seguir viviendo así. Estaba expectante de mi nueva vida sin ella.

Perdí 30 libras en 4 meses. Cambié mi guardarropa por completo. Empecé a ser más líder en la oficina y en casa. Dejé de pedir sexo. Seguía siendo amoroso y dulce cuando mi esposa lo merecía pero nunca lo llevé al siguiente nivel ni le pedí sexo. Nunca. Podía ver que mi esposa estaba muy confundida. Fue por el mes número tres que ella empezó a actuar coqueta y sexy conmigo. Ahí es cuando empezó a preguntarme si yo era feliz con nosotros. Solo le dije que siempre hay espacio para mejorar. Traté de evitar la conversación. Solo me mantenía ocupado y salía de la casa. Pasaba mucho tiempo en la casa de mi amigo ayudándole a armar una tienda de madera en el sótano. Bebíamos cerveza y hablábamos mientras trabajábamos. Era genial. Cuando no estaba con mi amigo, estaba en el gimnasio. Cuando estaba en casa hacía mi parte y ayudaba a limpiar y a cuidar a los niños. Nunca hacía ningún movimiento con mi esposa. Nunca.

Después de como un mes de nuestra conversación, mi esposa me envió un enlace a un video en Pornhub. Me preguntó si por favor podíamos hacer las cosas del video. Tuve que recoger mi mandíbula del piso. Pensé que era una broma o una prueba al principio. De hecho estaba un poco enojado. Quería responderle, "¡¿Qué pasó con lo de ser ASEXUAL?!" No respondí de inmediato. Decidí tomar las cosas en otra dirección. Jugué el rol dominante y le dije que esperaba que esté completamente desnuda e inclinada cuando yo llegue a casa. Y adivina qué…. ¡lo hizo! De todos nuestros años juntos, ese fue el mejor sexo que hemos tenido, por mucho.

Mi esposa me pone pruebas todo el puto tiempo ahora. Usualmente paso las pruebas. Esa es probablemente mi parte menos favorita de este cambio. Pruebas constantes. Pero, ella nunca ha estado tan feliz. Tenemos sexo al menos tres veces a la semana ahora. Lo que es gracioso es que ahora nuestro sexo es muy dominante/sumisa donde le digo qué hacer, ella sigue, y usamos todo tipo de juguetes. Incluso llevamos la interacción dominante/sumisa afuera de la habitación. Es algo que nos ha gustado mucho y hemos aprendido mucho. Es asombroso.

Muchas gracias por escribir este libro. Literalmente has salvado mi matrimonio y me diste la mejor vida sexual que podría haber imaginado.

R.

DSO,
Solo quería enviar un correo para agradecerte por armar esto para ayudar a los hombres que están teniendo un tiempo duro en su matrimonio.

He tomado lo que dices en serio y me ha ayudado mucho más que cualquier sesión de consejería a la que he ido.

Como resultado, mi esposa y yo somos más íntimos y más juguetones, lo cual era mi meta. Lo que se me hace difícil ahora es no resbalarme a la misma mentalidad de antes (que es donde la cagué) y volverme complaciente.

Gracias por la ayuda, amigo. Salud y que siga el buen contenido.

D.

DSO,

Mi esposa y yo hemos estado en consejería por más de un año. Fue mi idea. Estaba cansado de cero amor y afecto de ella. Cero sexo. Lo bueno de ir a consejería fue que nos abrimos a hablar sobre todo. Ambos nos sentimos mejor y más cerca después de las sesiones. Nos sostenemos mucho más. Cada vez que vamos a la consejera, ella nos pregunta cómo están las cosas en la habitación. Mi esposa se niega a decir algo más que no sea que no está lista… y yo termino adueñándome de la sesión y diciéndole cuánto me lastima. La consejera de hecho está de acuerdo conmigo que retener la intimidad es una forma pasivo agresiva de estar resentida. Ella admite que está resentida pero nunca está de acuerdo con tener sexo. Así que estamos paralizados.

Vi tu libro en Facebook y lo compré. Todo tuvo sentido. Finalmente todo hizo clic. Fui a la consejera con ella otra vez y dije que estoy cansado de hablar sobre cosas y que voy a trabajar en mí, en lugar de en NOSOTROS, de ahora en adelante. A la consejera le gustaron mis pensamientos y "nueva energía" pero a mi esposa no. Ella estaba más rencorosa y pareció que nos retrocedió aún más.

Me dije que les iba a dar tres meses a tus ideas antes de ir a ver a un abogado para hablar del divorcio. Por el mes número dos, mi esposa entró a la ducha conmigo una mañana y me hizo un oral. No lo había hecho desde que estábamos saliendo. No lo podía creer. Esa misma noche, acostó a los niños y me dijo que vaya a la habitación para una sorpresa. Estaba sorprendido, mi primer pensamiento fue que, ¡realmente necesito invitarle una cerveza a DSO!

Le pregunté a mi esposa por qué el súbito cambio. Dijo que por fin sintió que no todo era sobre sexo y en lugar era sobre nuestro matrimonio y convertirnos en mejor pareja. Estaba en shock. De hecho estaba siendo más egoísta que nunca y ella lo vio como que estaba trabajando en nosotros. Guau. Nunca entenderé a las mujeres.

Gracias por todo lo que haces. Salvaste mi matrimonio. ¡Juntémonos para una cerveza!

J.

DSO,

Para hacerlo corto, era el perfecto Buen Chico con mi esposa por diez años. Los últimos cinco años, diría que tuvimos sexo probablemente diez veces en total. Ella había estado desganada completamente de mí, pero jura que no es mi culpa que no quiera tener sexo.

Leí tu libro, dejé de cometer errores y el mes pasado tuvimos sexo más veces que en los cinco últimos años juntos. Lo juro por Dios.

Estaba muy enojado al principio. Ella me había dicho que necesito ser bueno y vivir por esposa feliz, vida feliz y ella siempre lo odió en secreto. Tan pronto como mejoré, de repente le gusté de nuevo a mi esposa. No estoy seguro por qué no sólo me dijo lo que quería pero también sé que no es un hombre y no hará eso. En su lugar, solo me probará.

Gracias por escribir el libro y aparecer en mi Facebook.

L.

DSO,
Mi historia probablemente no es como la del resto. Estuve en una matrimonio sin sexo por años. Leí tu libro y realmente fue un gol para mí. Hice todo mal. También me hiciste dar cuenta de que mi instinto podía haber tenido la razón todo el tiempo y mi esposa me estaba engañando. Al parecer ella estaba saliendo con dos tipos pero probablemente más. Nos divorciamos y me robó todo. Pero puedo ver a los niños la mitad del tiempo, así que no todo está perdido.

Pero hay buenas noticias. Empecé a salir y usar lo que aprendí de tu libro y el sexo ha sido loco. La chica con la que salgo ahora, de hecho, me dijo que está feliz de que soy un hombre real y puedo tomar decisiones. Dice que todos los otros hombres con los que ha salido actúan como chicas. Solo me reí. Solía ser uno de esos tipos.

Gracias por todo tu trabajo duro.

F.

DSO,

Pensé que te gustaría esta historia. Después de nuestra última sesión de coaching hice lo que me dijiste y decidí no estar asustado de hablar y ser un poco coqueto con otras mujeres en frente de mi esposa. Como sabes, por momentos de drama gigante que tuvimos al inicio de nuestro matrimonio, eso era algo de lo que siempre estaba asustado.

Tuvimos la fiesta de navidad de mi empresa el mes pasado. Iba a ir una muy atractiva gerente soltera de la compañía que estaba siendo especialmente amigable conmigo. Tiene unos diez años más que yo, pero podría pasar por menor. Infartante. Todos los hombres en la oficina hablan de ella. Es divorciada. Mi esposa ha dicho antes que no le cae bien, lo que es código para esconder que está celosa.

Como sabes, nuestra vida sexual ha mejorado mucho desde que puse en práctica las cosas que aprendí de ti y del libro. Todavía quería tener esa vida sexual loca que teníamos antes de los niños. Estábamos cerca pero mi esposa parecía estar resistiéndose y no dejando a su lado loco volar otra vez.

Pues, fuimos a la fiesta y la gerente atractiva estaba ahí. Después de unos tragos, esa noche no me dejaba en paz. Literalmente se me colgó toda la noche. Mis compañeros de trabajo pensaban que era lo más gracioso que habían visto. ¡Mi esposa no pensaba lo mismo! No hizo una escena pero se podía ver que estaba molesta toda la noche. Camino a casa dijo, "A tu amiga parece que le gustas mucho." Sólo sonreí y dije, "Pues, no la culpo." Eso es algo que NO habría dicho normalmente. El viejo yo habría explicado que es fea y que no significa nada, sólo tengo ojos para mi esposa, que está loca por ponerse aunque sea un poquito celosa….

Me saltaré los detalles sucios, pero tuvimos el mejor sexo de toda nuestra relación esa noche. Todavía no puedo creer las cosas que mi esposa estaba dispuesta y pudo hacer. Increíble.

¡Gracias, DSO! Estoy feliz por encontrar tu libro y obtener

la ayuda que necesitaba.

Q.

DSO,

Muchas gracias por escribir Reaviva la Cama Muerta. El libro era exactamente lo que necesitaba para mi matrimonio. De hecho mi esposa encontró el libro en mi iPad y se enojó mucho. Lloró y dijo que se sentía horrible por no querer sexo y desea quererlo. Sólo le dije que entiendo su punto y que ya no la presionaré para hacer algo que ella no quiere. Dije que voy a trabajar duro por mí, no por nosotros. Ella se enojó después de eso (dijo que sonó como si quisiera el divorcio) Y no me habló por una semana. De hecho estuve muy cerca de divorciarme en ese punto. Me reuní con un abogado para ver cuánto me costaría. Sólo digamos que no era bueno y decidí darle otra oportunidad a mi matrimonio. JAJA

Probablemente tomó tres meses hasta que mi esposa despertó una mañana llorando y diciendo que se siente mal por cómo me ha estado tratando y ve lo duro que he estado trabajando en mí y en nuestro matrimonio. Intentó hacerme un oral, tomó toda mi energía para detenerla. Le dije que no quiero sexo por pena con una mujer llorando, quiero una esposa que realmente me DESEE y que esperaba que fuese ella. Lloró y me rogó que no me divorcie. Dijo que si no quiero sexo entonces qué más puede hacer ella. Sólo le dije que tal vez debería poner el mismo trabajo en ella y en nuestro matrimonio como yo lo he hecho. Dijo que tenía razón y que lo haría.

Ella cumplió su palabra. Se unió al mismo gimnasio al que voy. Dejó la comida chatarra. Se vistió más sexy. Perdió 49 libras. Estaba más feliz en la casa. Me trata con amor en lugar de tratarme como a un niño malcriado. Por primera vez en nuestro matrimonio siento que me está persiguiendo y tratando de impresionarme en lugar de hacerlo yo.

Empezamos a tener sexo otra vez y ha sido fantástico. Ahora mismo tengo cero quejas sobre nuestro matrimonio.

¡Gracias otra vez por escribir el libro!

E.

De Facebook - Private Group for Men In Dead Bedrooms:

Pensé en hacer una publicación esta noche porque hubo algo que fue dicho y realmente destacó. Llegaré a eso.

Anoche estábamos viendo televisión y ella estaba cabeceando. Dieron las 12:30 y dijo que se iba a acostar. Entonces dije yo también, tengo que despertarme temprano (voy a ir temprano al gimnasio porque al fin están abiertos). Nos acostamos en la cama y charlamos un rato mientras ella cabeceaba. Finalmente dice, "me voy a dormir a menos que me vayas a mantener despierta", respondí con "¿Cómo te voy a mantener despierta?" (Aunque sabía a dónde iba) ella dijo "Oh, no sé…" entonces dije, "Sí, yo tampoco. También voy a dormir. Tengo que despertarme temprano."

Podría probablemente haber iniciado las cosas porque me dio luz verde, pero sabía que no valía la pena porque ella estaba realmente cansada y no convencida del todo.

Nos adelantamos a hoy. Me hizo varios comentarios sexuales todo el día y me dijo cuánto lo quería la noche anterior pero que estaba muy cansada. Entonces procedió a decirme cómo estaba completamente descansada esta noche. Así que, obviamente yo lo manejé todo suave todo el día y ni siquiera actué molesto.

Más tarde ella empezó a tomar vino. Decidimos que íbamos a salir a una pizzería local y cenar. Los niños no quisieron dejar el Xbox para ir así que ella y yo fuimos solos. Recuerda al principio cuando dije que ella dijo algo que destacó. Bueno, en el camino a la cena ella dice, "sabes creo que sólo necesitaba que seas más como un amante para excitarme y eso es lo que has estado haciendo" luego de eso se acerca, me desabrocha el pantalón y empieza a hacerme un oral. Dios santo. Jaja. Nunca había hecho eso, ni una vez. Nos adelantamos a la cena y todo el tiempo ella habló de sexo. Todo lo que podía pensar es ¿quién demonios me cambió a mi esposa? Jaja. Llegamos a casa y les llevamos comida a los niños arriba y luego baja y me arranca los pantalones y empieza a hacerme oral otra vez. Después fuimos a nuestro cuarto y el resto es historia. Ahora duerme como un bebé. Jaja.

En este punto, ni siquiera estoy seguro de lo que hice pero he hecho básicamente lo que el libro dice que haga en mi propia forma y ha hecho un milagro. Son dos fines de semana locos seguidos.

Lo siento por la publicación larga, solo quería actualizarles y ojalá animar a todos para continuar en el camino porque esta mierda funciona.

M.

Estoy muy agradecido porque el libro de DSO apareció de la nada en mi FB un día. Sin él, realmente no creo que seguiría casado por 18 años. Amo a mi esposa, pero estaba tan frustrado con mi matrimonio y la falta de intimidad. Sentirme rechazado y no amado y más que nada, sin poder descifrar por qué. Ésa fue la clave. Su libro me dio razones simples, entendibles y respuestas sin complejos al por qué las cosas no estaban yendo bien en mi matrimonio. Soy un buen chico regular, así que necesito un discurso claro y no puedo decirte cuán más efectivo fue este libro tan fácil de leer que los cientos de horas gastadas en consejería individual y de pareja en años y sin mencionar los miles de dólares más barato. Este libro me ha hecho un mejor hombre y ha hecho mi matrimonio mucho más divertido, placentero y sexualmente satisfactorio… ¡PARA AMBOS! Ella es más amorosa, juguetona, aprecia, apoya, su ánimo es elevado, su actitud hacia mí es positiva, y es porque soy un mejor hombre. Mi único arrepentimiento es no haberlo leído hace 10 años cuando las cosas en mi matrimonio empezaron a cambiar. Siempre me sentiré en deuda por lograr una impresión duradera en mí y lograr la vida que quiero para mi esposa y mis hijos.

J.

Estaba perdido y pensé que había intentado todo. Pienso que busqué algo como cama muerta en Google y me llevó al libro. Leí las reseñas y no pude esperar a comprarlo para mí. Implementé las reglas y puedo, honestamente, decir que instantáneamente empecé a ver éxito. Han pasado algunos meses desde el libro y puedo, genuinamente, decir que estamos más felices de lo que habíamos sido nunca. Soy más fuerte, más seguro y en general contento. El grupo privado y la fraternidad no tienen precio y son una fuente inagotable de apoyo e información.

N.

Tengo una relación de amor/odio con Reaviva la Cama Muerta.
Lo amo porque cambió la forma en la que veo mi relación.
Lo odio porque fue una patada en las bolas y me hizo admitir mis fallas.

Mi comportamiento hacia ella ha cambiado y el suyo hacia mí.

He implementado los cambios, y veo que aunque mi habitación parece muerta, está más en cuidados intensivos con signos de salir de él por las cosas que he aprendido.

Paso la mayoría de sus "shit tests", le hago notar su rechazo con humor, noto más cosas que se necesitan hacer en la casa y las hago antes de que ella las mencione sin esperar reconocimiento.

Estamos en la lucha del liderazgo, con ella consintiendo más (aunque cosas pequeñas) a mí.

Ella camina desnuda más a mi alrededor y ahora la he bajado del pedestal y la trato como a una persona.

Sé que será un largo camino, pero gracias al libro, será un camino suave.

J.

Sólo quería mostrar mi aprecio a DSO por mostrarme el libro e introducirme en una comunidad de buenos chicos en recuperación. Sin mencionar que fue mi entrada a otros libros como No More Mr. Nice Guy. La forma en la que ha cambiado mi vida en los últimos tres meses es realmente increíble. No sólo ha cambiado la vida sexual con mi esposa pero también ha afectado mi felicidad diaria y seguridad en el trabajo.

Estoy agradecido por todas las verdades duras y chequeos de realidad. De alguna forma sólo estar suscrito a la fraternidad (he estado por un mes) no parece contribución suficiente. Déjame saber si hay algo más en lo que pueda ayudar.

A.

¡El estilo de escritura, sin tonterías, de DSO es la patada en el TRASERO que los hombres necesitan!

Les han mentido a los hombres y no les han enseñado cómo en realidad mantener la intimidad viva. La sociedad te dice que le des todo lo que ella quiere, cedas a sus exigencias, soluciones todos sus problemas y que muestres, intrínsecamente, comportamiento femenino.

DSO desenmascara varias generaciones de mentiras y mentiras progresivas y realínea al lector con los impulsos animalísticos y primitivos y cómo se aplica al matrimonio del siglo 21 y a relaciones de largo plazo.

Mi habitación no estaba muerta pero no estaba dirigiéndose en la dirección correcta. Estaba siendo pasivo, complaciente y necesitado. Mi trabajo demandante y los estresantes de la vida nos habían derribado a los dos. La estaba dejando liderar.

Leí el libro y en dos semanas tuve excelentes resultados. Dos meses después, y no he tenido tanto sexo desde mis veintes. Es el libro más impactante que he leído en la última década. Esta es una compra necesaria para todos los hombres que buscan mejorar drásticamente no sólo su habitación sino su matrimonio.

¡Gracias DSO!

J.

No recuerdo cómo me tropecé con el grupo privado de Facebook para hombres en camas muertas. Me uní al grupo y leí las publicaciones y comentarios de todos por un mes. La esposa y yo hemos estado peleando muchísimo. Yo la estaba insultando y gritando todo el tiempo. Ella estaba lista para dejarme y yo estaba listo para dejarla.

Pedí el libro y lo leí en una noche y cómo abrió mis ojos. Este libro me hizo dar cuenta de lo mal esposo y amante en que me he convertido y no es sorpresa porque mi esposa no quería hacer el amor conmigo. Me di cuenta que necesitaba arreglarme, así que empecé a caminar 6 km cada mañana para despejar mi mente cuando despertaba. Lo subí a 10 km en la mañana para exigirme más y añadí otros 3 a 5 km en las tardes. (Hace 30 - 35 grados durante mis caminatas así que no son simples caminatas.) Luego hago ejercicio por 30 - 45 minutos. Luego en la tarde empiezo algún proyecto en la casa y lo termino: jardinería, construir una cancha de baloncesto con los niños, pintar la casa, tomé un curso de manejo de ira en línea, leo libros de auto ayuda y mejora en las noches. Hablo con un consejero una vez a la semana y lloriqueo con él y no con mi esposa.

Tengo 43, nunca caminé, hice ejercicio o me cuidé. Ahora estoy cambiando mi dieta para tener ese Six pack que siempre he querido, me estoy bronceando una hora al día más lo de mi caminata ayuda a mi bronceado. Solo han pasado 2 semanas pero soy una persona muy diferente, hablo con calma con mis hijos y esposa y cuando no estamos de acuerdo solo digo mi punto y se acaba, no más discusiones o peleas. Mis hijos se turnan para acompañarme en mis caminatas diarias, están disfrutando de su nuevo papá, mi seguridad está mejorando mucho. Mi esposa me está respetando más e inició una sesión amorosa después de un masaje, lo que nunca había hecho antes. Solo han sido 2 semanas de trabajo duro pero estoy viendo progreso, sí, va a tomar meses lograr mi six pack y completa seguridad. Ojalá para ese tiempo mi esposa esté saltando hacia mí y la pasión re encendida. Si no, por lo menos di lo mejor de mí y estaré bien en el futuro.

Gracias DSO por abrir mis ojos y ayudarme con ese primer paso gigante.

M.

Cuéntame lo que piensas.

Shoot me an email at dso@dadstartingover.com. I would love to hear what you thought about this book, both good and bad.

THANK YOU for reading. I hope it gave you a sense of hope and strength and put you on the right path to being a better dude... and getting more ass than a toilet seat.

Rock on, brother.

D.S.O.
www.dadstartingover.com

Join The DSO Fraternity!

For $14.99 per month or $149 per year, you will get DSO Fraternity member only articles and audio, live Zoom meetings with DSO coaches and fellow members, access to Private Facebook groups, and access to all current and future books by DSO in PDF and Audiobook format. You also get discounts on one-on-one coaching. A portion of your monthly fee goes to support The Movember Foundation to help fight prostate cancer, testicular cancer and mental health issues for men. Join other men on their journey to being better men!

(Note: All of the DSO Fraternity material and live meetings are in English only)

dadstartingover.com/join

Reaviva La Cama Muerta por D.S.O.

http://www.dadstartingover.com

© 2020 D.S.O.

Todos los derechos reservados. Ninguna porción de este libro puede ser reproducida de ninguna forma sin la autorización del editor, excepto lo permitido por la ley de derechos de autor de los EEUU. Para permisos contacte a: dadstartingover.com@gmail.com

Portada por D.S.O.